U0113397

国际教育交流与合作

——"一带一路"与东盟国家教育合作论坛论文集

（第一辑）

海口经济学院 编

中国海洋大学出版社

·青岛·

图书在版编目（CIP）数据

国际教育交流与合作："一带一路"与东盟国家教育合作论坛论文集. 第一辑 / 海口经济学院编. — 青岛：中国海洋大学出版社，2020.5
ISBN 978-7-5670-2505-9

Ⅰ. ①国… Ⅱ. ①海… Ⅲ. ①国际教育–文集 Ⅳ. ①G51–53

中国版本图书馆 CIP 数据核字(2020)第 085724 号

出版发行	中国海洋大学出版社
社　　址	青岛市香港东路 23 号
邮政编码	266071
出 版 人	杨立敏
网　　址	http://pub.ouc.edu.cn
电子信箱	1922305382@qq.com
订购电话	0532-82032573（传真）
责任编辑	曾科文　陈　琦　　　　　**电　　话**　0898-31563611
印　　制	海南金永利彩色印刷有限公司
版　　次	2020 年 5 月第 1 版
印　　次	2020 年 5 月第 1 次印刷
成品尺寸	185 mm × 260 mm
印　　张	12.25
字　　数	218 千
印　　数	1—1000
定　　价	48.00 元

发现印装质量问题，请致电 0898-66728019 调换。

编辑委员会

开放与合作：高等教育快速健康发展的国际化潮流

海口经济学院校长　陈啸

2018 年 4 月 13 日，中国国家主席习近平在海南建省 30 周年纪念大会上宣布：将在海南建设自由贸易试验区和中国特色自由贸易港，尤其在教育领域，鼓励海南引进境外优质教育资源，举办高水平中外合作办学机构和项目。上述一系列举措说明，作为海上丝绸之路的起点，海南将成为中国面向印度洋和太平洋的重要开放门户，对东南亚尤其东盟而言，又是建设"一带一路"和海洋经济合作的先头驿站和战略支点。海南必将与东盟国家一道在未来的"一带一路"建设发展中携手并进。

但我们遇到的共性问题，就是高水平高起点的发展，需要高水平高起点的教育和人才。而就目前看，海南的教育还相对落后，很难适应和呼应即将到来的大建设大发展。海南迫切需要大力发展更高水平的高等教育。高等教育实现弯道超车势必应当采取超常规举措。就世界范围看，高等教育后来居上者不乏先例，其无不走的都是一条互惠互利、开放合作的发展道路。

历史上，世界高等教育中心有三次大的转移。1088 年，世界诞生了第一所大学——意大利博洛尼亚大学。博洛尼亚大学是欧洲最古老的大学，被教

1

育界誉为"大学之母"，著名语言学家、作家但丁以及科学家哥白尼都曾在学校任教。整个欧洲都纷纷效仿，开始建立自己的大学。意大利博洛尼亚大学毫无疑问是当时世界高等教育的中心。

1167年，英语世界的第一所大学牛津大学诞生。牛津大学被誉为世界上第二古老的大学，比博洛尼亚大学晚了近80年。它完全是学习博洛尼亚大学的产物。1209年，牛津大学的两名经院派哲学家被控谋杀了一名妓女，牛津郡法庭将他们判处绞刑，引起牛津众多教授的不满。为了表示抗议，牛津教师纷纷罢课，其中一部分人移到剑桥创办了剑桥大学。至此，诞生了英语世界的第二所大学——剑桥大学。剑桥大学不仅地理位置与牛津相连，更重要的是学者心灵相通，创办之初两校就建立了千丝万缕的联系。正因为牛津、剑桥两校既竞争更合作，因此得到了快速发展，后来居上，很快超越了意大利博洛尼亚大学，培养了牛顿、达尔文等一大批引领、推动世界发展的科学巨匠。至今两校共培养诺贝尔奖得主185人，首相35位，成为名副其实的世界一流高校，垄断欧洲乃至世界高等教育600年。这时的英国成为世界公认的高等教育中心。这是世界高等教育中心的第一次转移。

1809年，德国普鲁士王国内务部文教总管洪堡负责筹建柏林大学。柏林大学建设伊始就确立了走出经院面向社会的开放办学思路，坚持寂寞与自由的治学理念，倡导学术自由和教学与研究相统一，尤其是确立了学生参与的讲课、讨论与科研相结合的教学形式。柏林大学打破传统、独树一帜的办学模式树立了现代大学的完美典范，被后人尊称为"现代大学之母"。柏林大学的办学信仰很快得到世人公认，爱因斯坦、黑格尔、叔本华等一大批科学家、哲学家来此任教，曾培养了马克思、恩格斯等一大批世界著名思想家。在办学不到200年时间里就培养出29名诺贝尔奖得主，其中世界第一位化学诺贝尔奖获得者就是柏林大学培养的。为了纪念洪堡的贡献，人们尊称柏林大学为柏林洪堡大学。19世纪，国际高等教育中心悄悄转移到了德国。一个有趣的现象是，1847年，一名德国教授被选为英国剑桥大学的校长。这在以追求血统与正统闻名的剑桥是不可思议的。那个时代，人们不仅学习洪堡经验，德国成为世界名校云集的中心，而且直到第二次世界大战之前，在20世纪相当长时间里，柏林洪堡大学乃至德国还是世界的学术中心。而总结其快速发展的秘籍就是开放与合作。

1636 年，一批牛津、剑桥校友移民美国，为了让子孙后代在新的家园也能够受到英式教育，他们创办了美国第一所大学哈佛学院。哈佛学院开始办学时完全仿照牛津大学、剑桥大学，发展缓慢，直到 1780 年，接近 150 年后，才发展为哈佛大学。哈佛大学由于各种原因仍然没有得到快速发展。1956 年，美国东北部的哈佛大学、耶鲁大学、普林斯顿大学等 8 所高校为了加强院校间的体育合作和竞争，建立联盟，旨在资源共享、为学生提供更广阔的发展空间。盟约规定任何一个学校的学生都可以充分享受相互学校的教学资源，自由选择课程，参与校园活动。这就是著名的美国常春藤联盟。常春藤联盟虽然因体育而结盟，但迅速发展为在教学、科研方面全面深度合作的高校联盟，取得合作共赢的显著成果。仅举哈佛大学一例，在其办学历史中，已经培养出 157 位诺贝尔获奖者①。比例已经远超英、德等高等教育先发高校。由此美国常春藤联盟也成为世界最为著名的高校联盟。尔后美国各地高校在加强合作与资源共享的基础上，又结成了各类不同的 30 个高校联盟。虽然美国高校联盟最初是以一些特别事由结成的，但在发展中，联盟均已经不再局限于某方面的合作，而是在招生选拔、人才培养、课程开发、学术研究、教学资源、校园活动、体育赛事等多方面加强了合作，并暗自竞争，形成了各自不同的特色。美国以其后来居上的发展成为当今世界公认的高等教育中心，使得英德乃至欧洲都进行反思，并纷纷效仿。

1985 年为了宣导"大学联盟"的观念，欧洲不同国家的 38 所大学组成大学网络集团联盟，即科英布拉集团（The Coimbra Group），该集团是欧洲高校最早的联盟组织。联盟的目标是在尊重各校的文化、民族性及学术自由的前提下，通过教师与学生的交流，促进各成员学校间的知识传递，并为促进欧盟各国高等教育发展做出努力。1991 年法国各高校也加强了合作，形成了不同的高校联盟。成立的巴黎高科集团，是集全法最具声望的 11 所工程研究生学校结成的高校联盟。1994 年，为了进一步提升各校研究实力、增加学校收入、招收最优秀的学生与教师、降低政府干预以及提倡大学合作等，英

①截至 2018 年 3 月。数据来源：哈佛大学官网。

国 20 所一流研究型大学组成了高校联盟，即罗素大学集团，该联盟被称为"英国的常春藤联盟"，代表着英国最顶尖的大学。罗素大学集团雄厚的科研实力，使其成为全世界产生诺贝尔奖得主最多的大学联盟。德国在进入 20 世纪后半期后，相应也建立起许多大学联盟。由德国最重要的 9 所工业大学联合组成的德国理工大学联盟，在世界享有盛誉。联盟旨在为各大学提供一个标准化的教学机制，同时保证各大学间的资源共享。

值得一提的是 1999 年，欧盟在世界第一所大学诞生地意大利博洛尼亚启动了"博洛尼亚进程"，提出这一进程的 6 个核心原则：建立所有成员国（下同）高校学历文凭资格可比、互认体系；建立学士、硕士教育体系；建立欧洲学分累计转移（ECTS）认证体系；开发对教师和学生有利的流动制度；提高欧洲教育质量保障方面的水平；强调高等教育课程开发和校际合作的欧洲特色。"博洛尼亚进程"的目标是推进欧洲高等教育一体化，进而实现国际化。欧盟有 28 个成员国，"博洛尼亚"联盟可以说是迄今为止世界最大的高校联盟。

中国自 2009 年起，由北京大学为首的 13 所高校、清华大学为首的 7 所高校、同济大学为首的 9 所高校以自主招生改革为契机，相继成立了"高校自主招生联盟"，即所谓"北约""华约"和"卓越联盟"。中国其他各种形式、不同层次的高校联盟也快速发展。当然合作也迅速拓展到其他领域。

纵观国际高等教育发展，学校联盟发挥了重要作用：一是各自的办学理念和模式，相互碰撞、相互镜鉴，增强了联盟高校自我改变的意识。二是共享的办学资源和空间，相互补充、相互促进，提升了联盟高校的综合实力。三是交融的组织形式和管理，相互合作、相互竞争，推动了区域高等教育的发展。四是有效的学术交流和互动，相互支援、相互配合，加速了区域社会经济的发展。综上所述，我们认为，在当今合作与竞争并存、机遇与挑战同在的社会，闭关锁国与封闭自治没有出路，只有共商共建共享，才能共生共进共荣。

为此，为了进一步推动海南教育界乃至中国与东盟国家教育界的交流与合作，在本次论坛上海口经济学院联合东盟和韩国、新西兰等 8 个国家的 9 所高校和相关机构发起成立了东盟学院。与会代表共同参与并见证了东盟学院揭牌。为推进东盟学院积极发挥作用，我们倡议在更广泛的基础上成立东盟学院理事会。东盟学院理事会是东盟学院的有效组织机构，是所有签约学校和机构的共同组织。东盟学院以理事会形式结成东盟及中、日、韩、新等国家高校间的联盟。东盟及中、日、韩、新国家高校及相关机构均可以本着平等、自愿、互利原则派代表参加理事会。东盟学院理事会为促进理事单位之间更为广泛的国际教育交流与合作，以教育和文化艺术为纽带，增进"一带一路"沿线国家人民的感情，将适时开展校际学生学历教育和交换生学习；定期举办学术交流及每年一次的"一带一路"与东盟国家教育合作论坛；共同建设每年一次的"中国—东盟大学生文化艺术周"。

我们相信，在大家的共同努力下，通过东盟学院理事会这个有效平台和载体，一定能够开创"一带一路"国际教育合作新局面，走出一条具有区域特色的人才培养道路，为"一带一路"沿线区域经济发展提供充分的人才保障和智力支持。

2018.4.27　海口

目 录

以一个马来西亚大学的眼光来观察：
"一带一路"背景下的国际高等教育交流和合作
International Higher Education Exchange and Cooperation under the Belt and Road Initiative – from a Malaysian University's Perspective

尤芳达①

Ewe Hong Tat

（拉曼大学，马来西亚）

（Universiti Tunku Abdul Rahman，Malaysia）

Abstract： Under the Belt and Road Initiative, it provides opportunities for collaboration between China and other countries/economies along the Land Silk Road and Maritime Silk Road in many areas including the area of higher education. In the globalized world, collaborations in international higher education are becoming increasingly important in order to nurture talents with international exposure and experience. The areas of collaboration include the expansion of students' learning experiences, staff exchange, professional education cooperation, cultural sharing and exposure as well asjoint research collaboration. This paper presents the experience and proposed collaborations in

---

①尤芳达，男，马来西亚拉曼大学副校长，教授，研究方向：高等教育研究。

this area from the perspective of a Malaysian university.

Key words: the Belt and Road; International Higher Education Exchange; Malaysian University

History of communications along the Maritime Silk Road

For centuries, the Strait of Malacca has been an essential sea path for merchant ships to travel along the Maritime Silk Road. The story of great voyages of Admiral Zheng He and the huge fleet he led in early 15th century have spread and left influences in this region that promoted communications and trade along the Maritime Silk Road.

In terms of scholar exchange, as early as the 5th Century, the Buddhist monk FaXian (法显) from ancient China had travelled through the Maritime Silk Road and this was followed by another Buddhist monk YiJing (义净) in the 7th Century. These Buddhist monks from the ancient China travelled to India to bring back sacred texts of Buddhism, and their travel diaries are important sources of information for the modern research in many areas particularly research on the history, economy and social communities in Southeast Asia.

A Record of Buddhist Kingdoms (《佛国记》) which was written by Fa Xian recorded the culture, hydrology, meteorology and sailing experience in South Asia and Southeast Asia. In addition, the travel diaries written by YiJing namely, *A Record of Buddhist Practices Sent Home from the Southern Sea* (《南海寄归内法传》) and *The Great Tang Biographies of Eminent Monks Who Sought the Dharma in the Western Regions* (《大唐西域求法高僧传》) also contributed greatly to the research on the religion, culture, geography, history, transportation, medical and other information in Southeast Asia. These are early examples of intellectual exchange of scholars along the Maritime Silk Road.

Higher Education in Malaysia

The higher education sector in Malaysia is under the jurisdiction of the Ministry of Higher Education (MOHE), The Higher Education Institutions (HEIs) in Malaysia are categorized into the following categories: Public Universities (20), Community Colleges (92), Polytechnics (33) and Private Universities (46), Private University Colleges (31), Branch Campus of Foreign Universities (9) and Private Colleges (397).

The internationalization of the higher education sector is a high priority for MOHE in which Malaysia was the 9th most preferred education destination in the world in 2016. Malaysia has also set a goal to host 250, 000 international students by the year 2025 and to develop Malaysia as an International Higher Education Hub by 2020 where among the attractive factors for international students are education quality, affordable cost of living, linkage and pathway to global universities and business world and diverse socio-cultural experiences. Due to the active efforts of internationalization by MOHE and higher learning institutions, the number of international students in Malaysia has been increasing steadily over the years. At the same time, more Malaysian students are pursuing their studies and participating in student exchange and study tour programmes overseas.

About Universiti Tunku Abdul Rahman

Universiti Tunku Abdul Rahman (UTAR) was established in 2002 and named after the first Prime Minister of Malaysia Tunku Abdul Rahman. It is a not-for-profit private university established under the UTAR Education Foundation and registered under the Malaysian Private Higher Educational Institutions Act 1996.The University's enrolment has now reached more than 25, 000 of active students and more than 2, 000 academic and administrative staff with campuses located in Kampar, Perak and Bandar Sungai Long, Selangor. Over 50, 000 students have graduated from UTAR since the inaugural convocation in 2005 and normally over 97% of them are employed within 6 months after graduation.

Guided by its vision to be a global university of educational excellence, UTAR is highly regarded as one of the fastest growing private higher education institutions in Malaysia with growth in all aspects of its development since its inception.

With the aim to provide holistic education to its students, UTAR has adopted The Six Educational Pillars which are (1) Virtue and Morality (德), (2) Knowledge and Intellect (智), (3) Physical and Mental Health (体), (4) Sociality and Humanitarianism (群), (5) Aesthetics and Harmony (美) and (6) Creativity and Innovation (新). Beyond the normal curriculum, students are encouraged to participate in university wide soft skill development programmes, extra-curricular activities, community services as well as overseas student exchange and study tour programmes.

UTAR has active international partnerships with the industry and other universities in the world where UTAR has signed the memorandum of understanding/agreement with more than 290 industry partners and universities from 25 economies which include 57 universities and corporations from China. The areas of collaborations under international partnership are student exchange, staff exchange, joint research, joint supervision, study tour, internship, short courses, competition, cyber classroom and industry consultation.

Modes of International Higher Education Exchange and Cooperation under Belt and Road Initiative

From the perspective of Belt and Road Initiative, various modes of international higher education exchange and cooperation can be carried out which bring great benefits to the parties involved. The modes of collaborations include:

* Student Exchange
* Study Tour
* Student Internship
* Staff Exchange
* Joint Conference / Seminar / Forum / Talk
* Joint Research
* Joint Supervision of Graduate Students
* Dual Degree Programmes
* External Examiner and Industry Advisor

* Cyber-classroom

* Tripartite Collaboration between Industry and Higher Education Institutions

Student Exchange

International Higher Education Exchange and Cooperation are strengthened through student mobility programmes and exchange activities. In addition to normal student exchange programmes with credit transfer, other student exchange and community activities in UTAR are:

a. New Village Community Projects

b. English Immersion Programmes

c. International Exposure Programmes （Symposium，Conference & Study Tours）

d. Peer Mentoring and Cultural Exchange Programmes （Training）

Currently，UTAR has many active student exchange activities with China partners such as in the clinical posting of UTAR Chinese Medicine students in China，credit transfer，cultural and study tour between both countries，training programmes and other exchange programmes.

Staff Exchange

Staff exchange activities are beneficial for initiating collaborations and joint research activities between the academic staff members of universities involved，this can be implemented in the form of visiting professors，joint-research，training programmes and supervision of graduate students.

UTAR Institute of Management and Leadership Development （IMLD）addresses to the growing and crucial need to nurture quality leaders capable of assuming management and leadership roles in an increasingly complex and globalised environment. Many cross-country training programmes have been organized to provide an international platform for the training and intellectual exchange of participants from various countries. This effort is further strengthened with the appointment of UTAR by the State Administration of Foreign Expert Affairs，China as one of the recognized overseas training providers.

5

Joint Research

Joint research is where experts from different Higher Education Institutions collaborate in the common areas of interest. Under the Belt and Road Initiative, this mode of collaborations should be emphasized and implemented with initiatives from participating universities.

The China-Malaysia Centre for Traditional Chinese Medicine (CMCTCM) is an example of collaborations of experts in UTAR and Guangxi University of Chinese Medicine (GUCM) in the development and promotion of Traditional Chinese Medicine (TCM) in ASEAN region in line with the Belt and Road Initiative and it was launched on 12 December 2017 at UTAR Sungai Long Campus. It is an integrated and collaboration platform for the promotion of medicine, healthcare, education, scientific research, cultural exchange and industry of TCM.

Dual Degree Programmes

Different Higher Education Institutions under Belt and Road Initiative can join forces in offering Dual Degree Programme and train international talent together. This kind of collaborations can be done through mutual credit recognition and transfer. One such example is the Dual Master Degree Programmes offered by UTAR and Ostbayerische Technische Hochschule (OTH) Regensburg, or University of Applied Sciences Regensburg, Germany.

In addition to the Dual Master Degree Programmes, there are also staff and student exchange activities between both universities. During the stay at the host university, the exchange students are also placed at local companies to gain both academic knowledge and local (Germany/Malaysia) industry experience. The placement of Malaysian students in Germany are multinational companies such as Infineon and Osram where these companies also have factories in Malaysia for the placements of German students. Therefore, the collaborations between both universities and local industries at both countries enable students to study and gain experience of local industry in different regions.

Joint Conference / Seminar / Forum / Talk

Higher Education Institutions from countries under the Belt and Road Initiative can organize joint conference / seminar / forum / talk for higher education exchange and cooperation purpose.

An example is that delegates from China universities, led by Chinese Service Center for Scholarly Exchange (CSCSE) Deputy Director General Xu Pei Xiang, made a visit to UTAR Sungai Long Campus on 30 November 2017. The objective of the visit was to enhance mutual understanding and trust, and to promote a comprehensive development of bilateral cooperation in education field through a dialogue and discussion between both parties.

External Examiner

Higher Education Institutions can appoint foreign external examiners from countries under the Belt and Road Initiative for their academic programmes with exchange of experiences and practices in academic quality assurance and curriculum development. This arrangement will further initiate collaborations among researchers from universities involved.

Cyber Classroom

Cyber classroom is a mode of collaboration between 2 universities in different countries and different regions which enables the students from both universities to study the same course together through cyber classroom. This mode of collaboration is particularly useful for distance learning experience jointly shared by students of both universities without much traveling cost involved.

An example of cyber classroom is a course related to multi-cultural communication conducted between UTAR and University of Delaware, United States of America. A semester-long video conference between students attended for an anthropology course at University of Delaware (USA) and students of similar course at UTAR were taught and facilitated by professors of both universities. Students in both countries jointly read, discuss, debate, do assignment, analyze ideas and popular literature on globalization, modernization, culture, and social life in both societies.

Tripartite Collaboration between Industry and Higher Education Institutions

It is a mode of tripartite collaboration to enhance university and industry collaboration, and also cultivation of international talents in both countries.

UTAR-Guangxi University-Qinzhou Industrial Park Collaboration Programme is an example of tripartite collaboration between industry and higher education institutions. China-Malaysia Qinzhou Industrial Park and Malaysia-China Kuantan Industrial Park are the two industrial parks jointly established and developed by the governments of both countries under the Two Countries, Twin Parks' model to serve the "One Belt One Road" initiative and to promote international industrial collaboration. The collaboration programme of UTAR-Guangxi University-Qinzhou Industrial Park is proposed to train and produce talents who could serve the industrial parks in both countries.

Summary

In general, there are many successful examples of collaborations between universities that can be implemented under the Belt and Road Initiative. It is important that even the collaborations are initiated at a small scale initially, through joint efforts by participating universities, the scale and level of collaborations can be increased and supported with the initial success of collaborations. In addition to this, depending on actual conditions of participating universities and countries, innovation in the ways of collaboration can be designed and implemented with practical discussion and bold ideas from the participating institutions. It is believed that the Belt and Road Initiative will follow the glory of ancient silk roads and bring the collaborations among the universities in various countries under this initiative to greater height and better future for mankind.

"一带一路"建设背景下中国—东南亚国家教育服务业合作机制研究

杨晓雁　罗清亮　张水辉[①]

（上海对外经贸大学国际与继续教育学院，上海 200336）

摘要： 东南亚国家是"一带一路"倡议中的重要节点，和中国具有较强的经济和文化纽带，经济结构相似，资源与中国互补，文化较为相通。基于此，教育服务业成为中国与东南亚国家进行交流沟通的先导和桥梁。文章从"一带一路"建设视角，针对中国与东南亚国家教育服务业合作机制存在的实际问题，提出加强中国—东南亚国家教育服务业政策协调；灵活利用双边及多边机制，深化与东南亚国家教育部门的联系；完善中国教育立法，培育利益共享的价值链和大市场；利用"互联网+"，便利人员流动，保障教育质量；等等政策建议，以切实促进中国与东南亚国家教育服务业合作，扩大两地知识流动和文化交流。

关键词： 教育服务业合作机制；东南亚国家；中国；"一带一路"倡议

　　[①]杨晓雁，女，上海对外经贸大学国际与继续教育学院副教授，研究方向：创业教育，物流管理。

　　罗清亮，男，上海对外经贸大学国际与继续教育学院副教授，研究方向：世界经济与贸易。

　　张水辉，男，上海对外经贸大学国际与继续教育学院副院长，研究方向：社会学，公共关系学。

2013 年 9 月，习近平总书记提出"一带一路"倡议，得到国际社会高度关注。2015 年，中国政府发布《推动共建丝绸之路经济带和 21 世纪海上丝绸之路的愿景与行动》，明确人才交流和教育合作成为"一带一路"国际合作的重要内容之一，要"扩大相互间留学生规模，开展合作办学，中国每年向沿线国家提供 1 万个政府奖学金名额。深化沿线国家间人才交流合作"。

近年来，我国逐渐认识到，虽然直接在海外开设分校存在高投入高风险，但也会带来高回报，并且合作办学"走出去"是国际教育合作与竞争的新趋势。2017 年 8 月，教育部明确表示，要支持高校在海外建立办学机构。10 月，党的十九大报告提出，要推动形成全面开放新格局，要"以'一带一路'建设为重点，坚持引进来和走出去并重"，"扩大服务业对外开放"，"积极促进'一带一路'国际合作，努力实现政策沟通、设施联通、贸易畅通、资金融通、民心相通，打造国际合作新平台，增添共同发展新动力"。这里提及的服务业就包括教育服务业，并且在"一带一路"建设过程中，以创新思想、专业知识和先进技术、技能等知识和智慧要素为核心的教育服务业开放，是"五通"尤其是"民心相通"的新平台，其作用可谓举足轻重。

从实践来看，教育交流为各国民心相通架设桥梁，在国家外交中发挥着不可替代的作用。习近平总书记在"一带一路"国际合作高峰论坛开幕式主旨演讲中，倡导"推动教育合作""发挥智库作用"。因此，在"一带一路"建设背景下，积极推进中国—东南亚国家教育服务业合作，前瞻性、战略性地设计中国—东南亚国家教育服务业合作机制，有助于持续提高双方合作水平，加深相互之间的文化沟通，实现互信、平等、健康的国际合作范例，既可以加强国家间经济协调，又可以促进东南亚国家经济社会健康发展。

一、教育服务业的市场化和国际化

（一）教育服务业

1990 年，联合国颁布《全部经济活动的国际标准产业分类索引》（*International Standard Industrial Classification of All Economic Activities*），突出了服务业的发展及其在经济活动中的重要地位，该索引将服务业分为 17 项，教育单列在第七大类。2003 年，中国国家统计局在 2002 年修订的《国民经济行业分类》国家标准（GB/T4754—2002）的基础上，调整了原三次产业的划分范围，增加了大量服务业方面的类别，教育属于新增的 6 个门类之一，单列在第十六类。2004 年，联合国统计司发布最新产业分类，其中，服务业共有 15 项产业大类，教育单列在第九大类。

根据《服务贸易总协定》（*General Agreement on Trade in Services*，GATS）第 13 条规定，除了由各国政府彻底资助的教学活动之外（核定例外领域），凡收取学费、带有商业性质的教学活动均属于教育贸易服务范畴，具体指教育主体面向社会所提供的各种商业服务活动，如教学服务和培训服务等。WTO 对教育服务（Education Services）的定义覆盖了基础教育、高等教育、成人教育和技术培训，所有 WTO 成员方均有权参与教育服务竞争。

现代教育服务包括教育活动所带动的一系列社会服务，主要指社会为教育活动或者围绕教育活动所提供的各种商业服务活动，如教育后勤服务和各种投资服务等。由此可以看到，教育服务业涉及的范围较广泛，不仅局限于教育领域，还与金融、房地产、商业、交通、旅游等产业联系紧密。

（二）教育服务业市场化

美国经济学家西奥多·W. 舒尔茨（Theodore W. Schultz）（1961）在《教育和经济增长》（*Education and Economic Growth*）一文中指出："教育是一项生产性投资，其结果可看作资本的一种形式；改善穷人福利的决定性生产要素不是空间、能源和耕地，而是人口质量和知识的增进；劳动者所拥有的人力资本知识和技能，既是经济增长的结果，又是经济增长的原因。"潘懋元（2001）指出中国加入 WTO，教育作为服务性产业之一，也将按照GATS 的有关规定，对 WTO 的成员方开放。靳希斌（2003）认为教育服务是整个服务产业的一个重要组成部分。教育服务业具有知识经济产业的高集成、高成长、高渗透、高辐射特性，这决定了教育服务业市场盈利预期实现比较快、产业联动性强，特别是体现在人才培训、人才交流和教育会展方面。

各种教育服务产品，虽然都具有教育的基本属性，但是，同时又具有经济学属性。对教育服务业而言，一方面要充分认识其对发展服务经济和产业结构调整的纽带作用、关联作用和引导作用；另一方面，还要充分认识其在现代服务业中具有支柱业态、先导业态和核心业态的战略地位。教育服务业与以往传统教育存在一定区别，是对传统教育的延伸与发展，更加强调了教育的服务特性，强调了教育对经济产业发展的拉动作用，强调了对经济增长的贡献。

（三）教育服务业国际化

纵观当代社会、经济的发展轨迹，任何形式的闭关自守都有可能导致民族的窒息、国家的衰落，只有开放才是希望所在。任何一个国家都不可能孤立封闭地发展教育，每一个国家都需理解和学会如何利用他国的教育资源来弥补本国的不足。随着经济全球化、知识经济的崛起以及信息技术的迅猛发展，教育服务贸易必然会大幅度地扩展，国际的教育互动与合作也必将日益加强。通过合理地引进国外优质的教育资源，如品牌、课程体系、教师、教学方法、教学手段、管理模式、评估体系等，同时，借助国外的教育经验，加速为本国培养紧缺人才，一方面能够促进国家教育体制的革新和发展，另一方面也能够为国家的经济发展注入最活跃的因素。

目前，教育服务业已经是一个成熟的国际化的产业，是一个随着社会文化技术水平提升不断发展的产业，同时，教育服务业开放完全是双向的、互利和双赢的。教育服务业的国际化主要体现在教育服务贸易领域，指跨国界的教育服务交换活动。教育服务贸易中的教育服务，是教育活动的一部分，是商业性和市场化的教育活动，当提供和接受教育服务的双方存在于不同的国家和地区之间就构成了国际教育服务贸易。教育服务贸易的主体为一国（地区）的受教育者和另一国（地区）教育服务提供者，包括教学机构投资者。

2001 年，中国加入 WTO 时，教育服务承诺主要包括：（1）承诺有限开放高等教育、成人教育、高中阶段教育、学前教育和其他教育市场，对于小学、初中教育（即义务教育）和军事、警察、政治和党校教育的市场开放没有承诺。（2）对跨境交付方式下的市场准入和国民待遇均未做出承诺。（3）对境外消费方式下的市场准入和国民待遇没有限制。对于我国公民出国留学、培训和国内教育机构接受其他成员方来华留学生没有限制。（4）在教育服务的商业存在方面，不允许外国机构单独在我国设立学校及其他教育机构；在市场准入上允许中外合作办学，并允许外方获得多数拥有权。（5）外籍个人教育服务提供者受到中国学校和教育机构的聘用或邀请，可以到中国提供教育服务，但必须具备学士或学士以上的学历，从事本专业工作两年以上，具有相应的资格证书或专业职称。

通常情况下，在《服务贸易总协定》下，教育服务贸易被定义为以下 4 种服务提供方式，见表 1。

表 1 教育服务贸易的 4 种提供方式

方式	市场状况	实例
跨境交付	利用现代信息和通信技术,发展速度很快 市场相对较小,但潜力巨大	远程教育 教育软件 通过互联网开展的企业培训
境外消费	目前市场份额最大,主要是高等教育领域,政府限制较少	出国留学
商业存在	市场价值和增长潜力巨大 面临贸易障碍最高,大多数成员方不愿意做出开放承诺	在国外设立学校、分校或语言培训机构 在东道主所在地进行培训,如微软、思科的证书培训等
自然人流动	对专业人才和高技术人才的市场潜力较大 很多成员方保留了限制(如限制移民) 学术机构之间人才流动限制少	教授、教师或研究人员到国外进行短时间交流性工作

目前,由于 GATS 允许各国(地区)根据自己的具体情况,适当地采用市场准入原则,大多数国家和地区对教育服务贸易的开放持谨慎态度,并且是逐步开放教育服务市场。与其他方式相比,境外消费受到的限制较少,从而对双方影响最大,是教育服务贸易最主要的方式。

二、中国—东南亚国家教育服务业合作的机遇

知识经济时代,受益于经济、科技、社会、文化等方面的高速发展,世界各国教育交流频率越来越高,交流范围越来越广。尽管中国与东南亚国家在政治意识形态、历史文化传统等方面存在着较大差异,但是,教育服务作为知识经济中的强大动力,有必要率先构建全方位的合作机制。当前,中国与东南亚国家教育服务业的合作面临着良好的机遇,可以概括如下:

(一)中国—东南亚国家服务业发展迅猛崛起

目前,全球经济竞争的重心从货物贸易转向服务贸易,服务业的内部结构也会随着这种转型而发生巨大变化,通信、社会服务和教育服务成为服务业发展的三大驱动力,教育服务业更将异军突起。教育服务贸易的最大特点在于不涉及关税与贸易壁垒问题,而是旨在改革各国限制性的教育法律和法规,所有 WTO 成员方均有权参与教育服务竞争。相对于其他服务贸易领域,教育服务贸易更自由、更开放。

2015 年,中国—东盟签署了自贸区升级相关议定书。2016 年,双方贸易额为 4522 亿美元,其中,中国对东盟出口 2560 亿美元,自东盟进口 1962 亿美元。截至 2016 年底,中国与东盟双向投资累计达 1779 亿美元,其中东盟

对中国投资 1059 亿美元，中国对东盟投资 720 亿美元。2017 年 1 至 7 月，中国—东盟贸易额同比增长 14.5%，高于中国整体贸易增速。中国连续 8 年成为东盟第一大贸易伙伴，东盟连续 6 年成为中国第三大贸易伙伴。

中国—东南亚国家经济依存度趋于提高，区域一体化的经济效应日益显现，随着中国—东南亚国家经济总量的增加和人民生活水平的提高，教育服务业作为知识服务业的重要组成部分，其自身的产业性和市场价值早已为国内政府、高校和市场等方面所认同，发展中国—东南亚国家教育服务贸易前景十分广阔。

(二) "一带一路"倡议提供良好契机

中国倡导建设的"一带一路"是对古代文明的传承，也是中国现实经济社会发展的必然选择。东南亚国家是 21 世纪海上丝绸之路的国外起点，也是关系 21 世纪海上丝绸之路建设成败的核心地区，中国政府提出了构建政治互信、经济融合、文化包容的利益共同体、命运共同体和责任共同体。

《推进共建"一带一路"教育行动》倡议沿线各国建立教育共同体，"通过教育合作交流，培养高素质人才，推进经济社会发展，提高沿线各国人民生活福祉，是我们共同的愿望。通过教育合作交流，扩大人文往来，筑牢地区和平基础，是我们共同的责任"。

许多东南亚国家愿意将本国经济发展战略与"一带一路"建设相联系，如老挝正在积极推动本国"变陆锁国为陆联国"战略与中国的"一带一路"建设的对接，越南同意将"两廊一圈"发展战略与"一带一路"倡议对接，柬埔寨同意将本国的"四角"战略、"2015—2025 工业发展计划"与"一带一路"倡议、"十三五"规划有效对接，印尼同意将本国"世界海洋轴心"与中国的"海上丝绸之路"对接。此外，"一带一路"建设在与东南亚各种已有合作机制对接。东盟国家正在加大互联互通力度，推进基础设施项目建设，这与中国提出的建设"一带一路"和筹建"亚投行"倡议高度契合。

截至 2017 年，东南亚国家有 7 个拥有中国境外经贸合作区。通过境外经贸合作区引导中国制造业企业在当地投资建厂，有利于促进文化融合，发挥民间外交的作用。总体来看，中国—东南亚国家发扬和平合作、开放包容、互学互鉴、互利共赢的丝路精神，大力促进政策沟通、设施联通、贸易畅通、资金融通、民心相通，各领域合作取得显著进展。

(三) 中国—东南亚国家经济合作势头强劲

国际经验表明，当一个经济体人均 GDP 超过 1000 美元，经济发展会出现重要机遇期，对教育、文化的需求会旺盛增长，人均 GDP 达到 3000 美元以后，产业结构和消费结构都将发生重大变化，服务业将迅速崛起，替代主导经济的工业，经济形态将逐步由工业经济向知识经济、服务经济转型，服务业在经济中所占的比重超过 50%，成为经济增长的重要支柱。

后金融危机时代，在世界经济复苏乏力的情况下，东南亚国家经济普遍保持了较高速度的增长。另外，一些国际机构对东南亚国家未来经济发展有着较好预期，如据世界银行报告，预计柬埔寨 2017 年国内生产总值增长 6.9%；老挝 2017 年经济增长率为 7%；缅甸 2017 年经济增长率将达 7.8%。IMF（国际货币基金组织）报告预测，马来西亚 2017 年经济增长 4.8%；菲律宾 2017 年经济增速将在 7%—7.5% 之间。

目前，东盟拥有 443.56 万平方千米区域面积和 6.25 亿人口，是世界人口第三大的国家和地区、世界第七大经济体、世界第四大进出口贸易地区。据 IMF 估计，到 2030 年，东盟地区将有 55% 的人口处于中产阶级，总计约 4 亿人。2016 年，全球排名前 100 的商业流程外包（BPO）城市中，东盟国家所占总量排名第一；在接受外国直接投资（FDI）总量和平均每月 Facebook 用户数量方面东盟均排名全球第二；在人口总数、年度国民储蓄总额，以及收入在 1 万美元以上家庭数量中均排名全球第三。

表 2　中国—东南亚国家经济合作情况

时间	对象国	合作情况
2013	新加坡	成为中国最大的外资来源国
2016	马来西亚	中国已取代美国和日本成为马来西亚第二大外资来源国
2016	泰国	中国成为第二大外来投资来源地，占总投资额 15%
2016	菲律宾	中国企业对菲律宾投资增长 47%，菲律宾企业对华投资增长更快，双向投资存量接近 50 亿美元
2016	柬埔寨	中国是柬埔寨最大投资来源国，截至 2016 年底，中国累计对柬埔寨协议投资占柬埔寨吸引外资总额的 34.3%
2016	缅甸	中国是缅甸最大外资来源国，截至 2016 年 12 月，中国内地在缅甸的累计直接投资额占缅甸外资总额的 27.5%；中国香港投资额达 75 亿美元，占 11.2%
2016-2017	越南	中国对越南投资额同比大幅增长超过 100%，在越投资的国家和地区中跃居第四位，2017 年一季度，中国对越南直接投资位居第三

资料来源：李运涛.商会在中国—东盟合作中大有作为[N].中华工商时报，2017-06-15（8）.

（四）中国—东南亚国家合作趋于完善

东南亚国家是中国落实"一带一路"建设的重点和优先方向。中国—东南亚国家共建 21 世纪海上丝绸之路，既有古代海上丝绸之路的历史基础，又有中国—东盟对话合作 20 多年来打下的坚实基础，更有互利合作、共同发展的实际需求。中国—东南亚国家高层往来频繁，各层次、各领域对话机制日益成熟，签署了一批政府间合作谅解备忘录、双边合作规划，以及基础设施建设、贸易投资、金融合作、社会人文等项目协议，例如，中国—东盟建立了中国—东盟文化部长会议、中国—东盟文化论坛、10+3 文化人力资源培训等多个合作机制。合作机制的构建为行为体之间搭建沟通交流的桥梁和平台，有效减少了合作各方的信息不对称和不确定性，降低交易成本，调整行为体的政策行动和利益偏好。中国—东南亚国家在合作过程中，本着相互尊重、平等相待、互利共赢、共同发展的原则，挖掘利益汇合点。

中国—东盟自贸区是中国对外签署的第一份自由贸易协定，也是迄今为止贸易规模最大的自贸区。在中国倡导"加快实施自由贸易区战略"、提出"推进更高水平的对外开放"的背景下，2015 年 11 月 22 日，中国与东南亚国家十国在马来西亚吉隆坡正式签署中国—东盟自贸区升级谈判成果文件，标志着中国—东南亚国家自贸区正进一步向高水平迈进，以跨国、跨境园区为主要载体的产业合作将成为中国—东盟经贸合作新模式。自 2010 年中国—东盟自由贸易区正式建立以来，中国与东南亚国家的产业合作加速发展，在合作机制、法律框架和平台支撑等方面打下了良好的基础，中国—东盟的稳定伙伴关系和多层次的合作机制为中国—东南亚国家教育服务业合作奠定了良好基础。目前，签订中国—东盟自贸区升级议定书、共同参与"亚投行"成立，以及共同创建澜沧江—湄公河合作机制，是中国与东南亚国家在共同创设和完善新的合作平台方面取得的三大成就。总的来看，中国—东南亚国家合作已进入机制深化期，合作主体、合作渠道和合作内容等方面取得较大幅度拓展并逐渐稳固，合作成效也日益显现。

（五）人文交流成为中国—东南亚国家关系的新支柱

地理相近、文化相通，天然的纽带让中国和东盟在留学生培养、语言学习、联合办学、科研等方面的合作具有很大潜力。"一带一路"倡议强调社会和各种民间组织的交流，是一种现代化的发展理念，是借助中国与沿线国家现存的双边机制和多边合作机制，以和平发展为主题，共同打造政治、经济等方面的利益合作伙伴，促进各国经济发展。

2006 年，签署《中华人民共和国政府与东南亚国家联盟成员国政府全面经济合作框架协议服务贸易协议》，其中要求中国与东盟国家在服务贸易领域准入条件上实行相应减让，不断扩展服务贸易自由化的深度与广度，教育属于服务领域范畴。2010 年，中国政府提出"双十万计划"，即到 2020 年中国与东盟双向留学生都达到 10 万人。2016 年 7 月教育部印发《推进共建"一带一路"教育行动》的通知，指出要推进"一带一路"教育共同繁荣，聚力构建"一带一路"教育共同体。近年来，中国—东南亚国家成功举办了科技合作年、文化交流年、海洋合作年、教育交流年等。截至 2016 年底，双方互派留学生人数已超过 20 万人，提前实现领导人设定的"双十万学生流动计划"。中国成立了 30 个中国—东盟教育培训中心，在东盟国家建立了 31 所孔子学院和 35 个孔子课堂。中国高校已开齐所有东盟国家语种。另外，厦门大学马来西亚分校、老挝苏州大学等合作办学项目成效显著。

三、中国—东南亚国家教育服务业合作的障碍

从具体状况来看，东南亚国家地缘政治复杂，经济发展水平不平衡，文化多元，这决定了中国与东南亚国家教育服务业合作的复杂性和艰巨性，在合作过程中会面临诸多障碍考验。

（一）东南亚国家地缘政治形势复杂

东南亚各国经济发展水平存在巨大差异，教育模式、教育内容、产业结构差异大，投资环境及管理体制差异较大，各国投资的市场准入规则以及标准千差万别，由此造成教育服务业经营环境相对不稳定，经营风险比较高。例如，不少东南亚国家正处于政治社会转型期，不仅国内宗教、文化、社会矛盾纵横交织，国家间关系也是错综复杂，利益诉求各异。然而，跨国教育服务合作，需要涉及不同国家之间的政策对接和制度协调。

另外，东南亚国家面临着宗教极端主义、恐怖主义和民粹主义思潮的蔓延，给东盟成员国的国家治理和社会稳定带来严重威胁，这些可能影响有关国家对地区一体化进程的精力投入。同时，由于中国与东盟国家之间、东盟国家内部之间存在着政治摩擦，间接地阻碍了服务贸易的快速发展，基于核心利益关切程度和意识形态差别，中国和主要贸易伙伴东盟的摩擦频繁，程度增加。

鉴于政治制度和政治主张的差异化，有些东南亚国家对中国政府的教育服务存有疑虑，存在经济问题政治化倾向，这些消极因素势必对中国—东南

亚国家教育服务业合作产生不利影响。

（二）中国—东南亚国家教育服务的软硬件相对落后

中国—东南亚国家教育服务硬件，除新加坡外，普遍存在着起步晚、底子薄的特征，基础设施经费投入、政府对公共教育投入都相对不足，适应外国留学生的教学环境都有待改善。主要体现在留学生公寓的数量不足、教学设备的数量和质量无法满足留学生需要，直接影响到教学效果及学生体验。另外，还有配套设施不足，生活便利程度不够。

从教育服务软件上来看，主要包括教育管理体制和师资队伍建设。例如，在东南亚国家的华文教育中，华文教师短缺、教材严重缺乏、教学方法有待加强的现象较为严重。同时，根据中国—东南亚国家教育服务发展水平，应改革教育管理体制，使教学形式与内容、培养计划以及管理模式具有国际化特点。学者吕旭（2011）认为，中国国内缺乏国际市场公认的王牌学科、国际教育认同程度低、对来华留学生教育投入不足三方面的因素导致教育服务业出口竞争力低下。

（三）教育服务信息宣传和推广有待提高

客观上来看，伴随着中国—东南亚国家经济的良好发展态势，以及中国与东南亚国家天然的文化联系，教育服务业发展势头迅猛，信息更新换代非常快。但是，相关的教育服务信息统计无法跟上发展步伐，不利于中国—东南亚教育服务贸易的发展进程，也不利于东南亚国家内部之间根据对方的实际情况对教育服务业进行合理配置。

以留学中介机构为例，中国国内留学中介非常多，大多是针对留学国外的服务，而国外学生到中国留学的代理服务机构比较少，使得东南亚国家的学生申请留学的渠道过于单一，这就可能会使有些东南亚国家学生由于手续烦琐而选择留学其他国家。因此，需要有针对性地鼓励教育服务机构的宣传和推广，为双方教育服务对象提供便利，促进教育服务业的合作发展。

（四）缺乏足够的教育服务业合作政策

如前所述，发展国际教育服务业的要素包括师资力量、信息技术、教育模式、研发能力、办学规模及管理服务水平等方面，这些要素决定着一个国家（地区）国际教育服务的规模与水平。尽管中国—东南亚国家关系密切，并且中国对东南亚国家留学生的吸引力较高，但是东南亚国家教育服务市场开放度不够，对中国的限制还比较多，允许开设的专业较少，有的东南亚国家还不允许外国在当地设立机构办学，阻碍了东南亚国家的商业形式的国际教育服务的发展。

从总体上来看，中国—东南亚国家对国际教育服务业的发展前景、存在问题及对策建议等整体认识缺乏深入的调查与分析，需要进一步提高对国际教育服务业发展的认识，制定促进中国—东南亚国家教育服务业发展的有效政策。

四、中国—东南亚国家教育服务业合作机制对策建议

发展教育服务业不是简单地将以往教育产业放大或将相关产业组织相加，作为中国—东南亚国家人文交流的组成部分，教育服务业应抓住"一带一路"倡议性机遇，重视内外两个方向的问题，构建全方位合作机制，既要充分利用多边对话框架，又要制定差异化的教育服务业合作国别战略，还要保障人员流动的便利和人才培养质量。

(一) 加强中国—东南亚国家教育服务业政策协调

面对教育市场逐步开放的现实冲击和国际不对称的教育市场竞争，更重要的是提高教育产业市场意识，积极参与国际教育服务竞争。教育服务贸易与经济领域内其他服务贸易最大的区别在于其与政治上层建筑方面的关系密切，东南亚国家政府及教育部门对双方教育市场的开放有着重要的推动作用。例如，中国在东盟国家建立孔子学院上就得到了泰国、老挝、印尼等东盟国家的支持与协助。又如，东盟国家（如泰国）积极促成与中国广西高校学习交流项目的成立，互派学生到对方国家进行交换学习，致力于建立学分互认机制等。

教育服务贸易除带来教育、经济等方面的利益之外，还可以成为我国对外输出我们的文化、理念和价值观，扩大我国影响的重要方面。中国政府应积极推动与中国—东盟合作相关的政策协议《全面合作框架协议》的具体措施的实行，推行与教育贸易相关的政策，消除教育服务贸易壁垒，促进教育服务贸易自由化。通过中国—东南亚国家层面的支持与配合，能够有效促进中国—东南亚国家教育服务业合作，探索如何有效开发和利用国内国外两个教育市场、两种教育资源发展教育服务业，助推"一带一路"倡议中的知识流动和文化交流，为新时期的人才战略提供新的视角。中国—东南亚国家应积极推动教育合作交流，严格遵循《服务贸易总协定》的要求，有计划、有步骤地开放教育培训市场，着力推动系列教育合作项目。

总之，中国教育服务业应该担负起让世界了解中国的重任，以文化交流

和政治互信为目的。一方面，对于教育服务出口市场，政府应加大国际教育服务发展投入，促进海外市场拓展的宣传力度。在海外办学和合作的过程中注重学习和交流，形成"走出去"带动"引进来"的发展模式。另一方面，对于教育服务进口市场，政府应继续保持开放自由政策，同时制定鼓励留学生回国就业和户籍安置政策，吸引国际人才，使教育服务贸易的正外部性充分发挥作用。正确地制定政策，给予其发展正确的方向与支撑，使得实施计划、项目有法可依，有章可循，有框架可支撑。在经济上全面合作的同时，中国—东南亚国家也开始进行文化、教育合作，陆续签订了文化合作方面的协议和科技合作方面的协议，这些协议中涉及教育合作方面的内容。例如，泰国长期致力于推动与中国在文化、教育方面的合作，先后与中国签订了科技、教育及文化领域方面的双边合作协议，这些协议涉及的内容包括科技、高等教育及文化方面。中国要把发展国际教育服务业放到国家各方面发展的目标之中去，如政治、经济、外贸等方面的交流，对国际教育服务业的发展进行统筹规划。

（二）灵活利用双边及多边机制，深化与东南亚国家教育部门的联系

教育服务业国际化，如同经济全球化一样，是不以人们的意志为转移的，必须主动去迎接适应，而不可消极抵制。教育服务跨境提供，不仅以多种形式存在，而且飞速发展，必须重视和利用，依据WTO协定准则和服务市场规则，为实现本国教育的发展目标和利益服务。

双边关系仍是中国对外交往中最重要的工具，双边合作有利于中国针对合作方国情做出灵活安排，对接需求和已有战略，这样更有利于夯实区域社会网络中的节点，以点带面地产生影响。东南亚国家政治经济情况的复杂性，决定了多重双边关系是短期内推进教育服务业合作的基础，因此要继续做好互派代表团和留学生，高等学校出版物交流，签订教育、文化、科技合作国别协议，等等，建立和东盟各国长期稳定的教育联系。

努力达到政治共识是解决双边政治利益冲突的有利决策，在加强政治往来的同时也要更多、更加有效地促进人民之间的交往。中国—东南亚国家关系发展到今天，政府的强力推动功不可没，但是双方民间的交往仍然不足，改善的空间还是很大的，国家间的人民交流和政治上国家友好关系在很大程度上可以相互促进，这两个方面是谁也离不开谁的。

相比双边政策，多边政策手段亦有其特殊的优越性。多边合作侧重全面性，通过"一带一路"逐步形成区域大合作格局，在中国—东盟、东盟10+

3、东盟10+6等框架下研究、规划、制定和落实教育服务业政策，有利于充分调动东盟乃至亚太地区各国的积极性，吸纳本地区的资源，为学者、学生和学术资源在多个国家间流动、共同解决本地区发展的重大问题创造良好条件。

（三）完善中国教育立法，培育利益共享的价值链和大市场

随着国际教育服务贸易的发展，中国建立健全教育对外合作法律法规体系，修订完成《教育法》《高等教育法》《民办教育促进法》等法律，均涉及推进教育对外开放、国际学校管理等内容。但是，从客观情况来看，许多教育服务贸易仍然面临无法可依的局面。针对这种情况，一是依法加强对包括中外合作办学在内多种形式的教育服务的监督和管理，确立依法行政、加强督导、完善监督和促进发展的教育管理理念；二是根据教育服务业发展要求，鼓励地方政府专门就教育服务进行地方立法，制订教育服务的质量标准，规范和完善教育服务业的可持续发展环境。

从中国政府角度来看，需要把握教育主权与开放教育市场相互关系，积极鼓励教育服务业发展，给予财政上、政策上的扶持，鼓励有实力的教育机构积极走出国门，以扩大国际市场占有率，既要大胆借鉴国外教育发展的有益经验，学习先进的教学理念、教学模式、教学内容和教学方法，加速本国紧缺人才的培养，同时也要维护国家基本的政治文化经济利益，维护国家对教育的领导和控制权。

根据东南亚各国国情及其对中国的战略意义，制定差异化的国别策略。由于社会经济水平和文化构成等条件各不相同，使得各个国家对高等教育合作的供给能力和需求也存在差异。例如，老挝、柬埔寨、缅甸、越南的经济发展水平、教育水平就明显低于东盟其他6国。因此，需要根据具体情况，联通与东南亚国家人才培养标准，参照国际认证的专业人才标准，扩大与东南亚国家学历、学位互认和学分转换政策的覆盖面，从质量评估标准入手规范高等教育合作办学项目的目标宗旨、内容设置、资金投入、师资水平、管理手段，最大限度地激发教育服务业的发展潜力，充分发挥其产业先导和基础的作用，以教育服务业带动其他服务行业和高新技术产业发展。

（四）利用"互联网+"，便利人员流动，保障教育质量

互联网正在成为继航空、海运、陆路之外的另一条连接中国与东盟的"丝绸之路"。"互联网+海上丝绸之路"的建设，让过去在线下的信息流、资金流、物流等传统商贸手法通过线上的方式与"一带一路"倡议部署配合，进一步打破贸易壁垒，产生高速、高效效应。目前从东盟地区固定宽带接入

率来看，新加坡在整个东盟地区排名第一，达到26.5%；泰国和马来西亚分别位列东盟第二（9.2%）和第三（9.0%）；越南和文莱分别位列东盟第四（8.1%）和第五（8.0%）。除固定网络外，东盟各国移动互联网的发展势头迅猛。柬埔寨、越南和泰国3个东盟国家的移动互联网覆盖率最高，目前有8个东盟国家已超过世界平均水平。

互联网技术本身所具备的开放性、高效性与低成本等优点，对目前国内开设国际教育课程来说有着非常重要的应用价值。随着网络技术的发展，国家认识到教育信息化的重要性，并借助孔子学院国际化的机遇，对教育的跨境提供给予资金和政策上的支持。目前，教育部批准了包括北大、人大、清华等68所高校开办远程教育。地方政府可以有针对性地到东南亚国家进行招生宣传，通过会展、讲座等方式来推进教育信息化的发展。在教育服务业出口时，应充分利用好价格优势，对发展中国家按经济发展水平进行分类，对最不富裕国家的留学生给予最大的价格优惠，以从长期来增加我国教育服务业的出口总额。

五、结语

教育服务业作为服务业的有机组成部分，成为衡量国家经济软实力的重要标志，在国民经济中所起的作用日益突出。随着经济全球化、知识经济的崛起和信息技术的高速发展，教育服务贸易在不断扩展，中国—东南亚国家间的教育服务互动与合作势头日益强劲，显示出越来越旺盛的生命力和强大的吸引力。客观地说，中国—东南亚国家教育服务业合作空间广大，各项设计也趋于完善，但面临的挑战与困难同样很大。因此，夯实中国—东南亚国家教育服务业合作机制需要创新，但落实和进一步深化合作机制更为重要。总的来看，发展中国—东南亚国家教育服务业合作是一项任重而道远的系统性工程。在这项工程中，不仅教育服务机构和当地政府能够实现双赢，当地的社区和居民也应参与到这个多赢的局面当中。

参考文献：

[1]张东.中国教育的世界胸怀[N].中国教育报，2017-10-22(3).

[2]王佩军.教育服务业呼唤新突破[J].上海综合经济，2003(3):41-43.

[3]施志毅.从教育服务的市场机制选择谈现代教育服务业发展中的几个问题[J].中国远程教育，2007(11):22-24.

[4]蔡琨.我国教育服务贸易国际竞争力研究[D].长沙：湖南大学，2006:7.

[5]金孝柏.中外合作办学与我国教育服务业的开放[J].国际商务研究，2003(6):46-50.

[6]俞懿春."一带一路"建设在东盟生根发芽[N].人民日报，2017-04-18(3).

[7]张春侠，黄泽东，杨秀萍.中国与东盟教育合作前景广阔[J].中国报道，2017(9):37-38.

[8]何崇军.东南亚国家高等教育国际化的不平衡发展[J].经济视角（中旬），2011(4):67-68+70.

[9]王云娜.中国—东盟力推教育开放合作升级[OL].人民网 – 国际频道，2016-09-21.http://world.people.com.cn/n1/2016/0921/c1002-28731137.html.

[10]胡罡.国际教育服务贸易发展与中国对策[J].辽宁大学学报（哲学社会科学版），2016，44(5):75-82.

[11]李群.全球化背景下"国际教育"的新趋势[D].上海:华东师范大学，2009：24-27.

[12]吴若珺，刘婧云，罗子墨，余治昊，王璐.大学生创业:互联网＋国际教育的可行性研究[J].改革与开放，2016(24):68-69.

会计国际化人才培养的思考与建议
——基于"一带一路"建设思路

赵爱英　　杨万新①

（首都经济贸易大学会计学院，北京 100000）

摘要："一带一路"倡议的实施，对会计国际化人才培养模式提出了新的要求。本文首先选取部分国内外财经高校的会计专业，通过对比研究，分析国内高校国际会计专业人才培养的优劣势。其次，基于"一带一路"倡议发展目标，结合会计国际化人才培养现状，分析国内大学会计国际化人才培养中存在的问题，进而分析国际化人才培养所面临的挑战。最后，根据"一带一路"倡议的实施思路，从"引进来"和"走出去"两方面提出可行的改进建议。

关键词："一带一路"；会计国际化；人才培养

一、引言

2013 年"一带一路"倡议提出以后，新丝绸之路大学联盟于 2015 年 5 月 22 日由西安交通大学发起成立，来自 22 个国家和地区的近百所大学先后

---

① 赵爱英，女，首都经济贸易大学会计学院硕士研究生，研究方向：财务管理。
　杨万新，女，首都经济贸易大学会计学院硕士研究生，研究方向：财务管理。
② 详见国家发改委、外交部、商务部联合发布的《推动共建丝绸之路经济带和 21 世纪海上丝绸之路的愿景与行动》。

加入其中，共同推动"新丝绸之路经济带"沿线国家和地区大学之间在校际交流、人才培养、科研合作、文化沟通、政策研究、医疗服务等方面的交流与合作，增进青少年之间的了解，培养了具有国际视野的高素质、复合型人才，从而服务于"新丝绸之路经济带"沿线地区的发展建设[②]。可见，"一带一路"倡议对各高校的国际化人才培养提出了新的政策导向和要求。全球经济一体化、社会生活智能化等都对会计专业的未来发展产生重大影响。因此，随着"一带一路"倡议的提出，各高校有必要重新设定会计专业的未来发展方向以及其未来的人才培养模式，从而更好地满足社会发展大趋势，培养出更多优秀的会计国际化人才，减少国际化专业人才需求的缺口。

二、国际化会计人才的界定

（一）市场对国际化人才的素质要求

为了解符合市场需求的国际化会计人才应具备的基本素质，本文利用网络资源（智联招聘）获取了50家北京地区涉外企业招聘会计人员的要求，并结合已有文献中对"珠三角地区涉外企业的国际化会计人才需求因子"的统计数据，分析统计出国际化人才需求因子平均水平（见表1）。

表1 国际化会计人才需求因子平均水平

应具备的基本素质	被调查企业中认为非常重要的素质所占比例（%）	重要性程度排名
工作经验	84.4	1
专业知识	76.9	2
外语能力	75.1	3
责任素养	56.2	4
沟通能力	51.9	5
团队合作	50	6
软件操作能力	48.1	7
心理调节能力	38.5	8
专业法规	34.3	9
从业资格	30.4	10

从表中可以看出，应聘者的工作经验、专业知识、外语能力是最为重要的素质条件，责任素养、沟通能力、团队合作也是较为重要的一些素质条件。"一带一路"倡议也对外语能力、沟通能力等提出了较高的要求。因此，基于"一带一路"视角，创新财经类院校会计国际化人才培养模式、提高国际化人才的培养水平、加强各高校间的交流合作等是值得思考的。

(二) "一带一路"建设思路下对会计国际化人才的界定

"一带一路"倡议主要表现在中国对"一带一路"沿线国家（地区）的投资建设。而无论是产能外送还是基础设施建设，这些投资都需要基层技术人员、高层管理人员的配合，来共同促进亚非拉等地区的经济发展。而一流的技术人员、明智的管理人员都离不开高校的人才培养教育，尤其是国际化财务人员的培养教育。"一带一路"建设要求高校培养各种语言环境下的专业化人才，除了与英语主导的欧美等国家合作举办跨高校交流项目外，还要与亚非拉等其他"一带一路"沿线国家（地区）开展教育办学。因此，"一带一路"思路下的会计国际化人才培养，不仅仅局限于输送到欧美国家的会计专业化人才，还要包括去亚非拉等"一带一路"沿线国家（地区）的会计人才，当然也包含吸引全球各地的留学生来中国进行会计教育等相关内容。这不仅要求会计国际化人才要了解当地的风俗人情，熟悉语言环境，适应社会存在的一些不安定因素，还要掌握当地的法律环境、会计准则等一系列规章制度，从而更好地应对挑战，满足一流国际化人才的素质要求。

三、国际化人才培养现状比较分析

从会计实务界看，在经济全球化背景下，市场对国际化会计人才需求日益增加。据统计，我国现在对国际化会计人才需求大约为35万人，而符合要求的只有约6万人，缺口达到29万之多。可见社会对高层次、国际化会计人才需求缺口很大。我国急需建立一支高层次会计执业队伍，才能更好地适应行业国际化发展的需要。从会计教育界看，全球经济一体化趋势越来越明显，而会计作为企业经济活动的一种管理工具，它的重要性也日渐凸显。各国经济实力、政治体制、文化背景各不相同，各国所采用的法律体系、会计准则等也会有差异。因此，经济全球化带来的跨国企业经营、海外企业并购、公司境外上市等行为也势必会为学术界引入新的研究领域，给学术界的专家学者更大的挑战，这就要求会计学术界的人才既要熟知国内的法律法规，还要熟悉国际通用的法律规则条例，以应对不同背景下的政策。总之，无论是学术界还是实务界，会计国际化人才需求缺口大，有必要对其培养状况进行详细探究。

（一）国内知名财经高校培养状况分析

1. 上海财经大学的课程设置分析

表2　上海财经大学会计专业各方向课程设置情况表

	课程类型	学分	所占比例（%）		课程类型	学分	所占比例（%）
ACCA专业	普通共同课	61	34	美国会计专业	普通共同课	63	35
	学科共同课	36	20		学科共同课	36	20
	专业核心课	10	6		专业核心课	12	7
	专业方向课 ACCA	25	14		专业方向课	22	12
	专业选修课	10	6		专业选修课	10	6
	任意选修课	2	1		任意选修课	2	1
	模块选修课	12	7		模块选修课	12	7
	社会实践课	11	6		社会实践课	11	6
	毕业论文	12	7		毕业论文	12	7
	总计	179			总计	180	
	课程类型	学分	所占比例（%）		课程类型	学分	所占比例（%）
CGA	普通共同课	61	34	会计专业	普通共同课	33	20
	学科共同课	36	20		学科共同课	36	22
	专业核心课	12	7		专业核心课	12	7
	专业方向课	21	12		专业方向课	22	13
	专业选修课	10	6		专业选修课	10	6
	任意选修课	2	1		任意选修课	4	2
	模块选修课	12	7		模块选修课	23	14
	社会实践课	11	6		社会实践课	11	7
	毕业论文	12	7		毕业论文	12	7
	总计	177			总计	163	

数据来源：上海财经大学会计学院官网。

上海财经大学会计学院共开设三个国际化方向的会计学专业，分别是ACCA方向、CGA方向、美国会计方向。通过分析会计专业三个不同方向的课程设置情况，与会计学专业（无限定方向）相比，三个国际化方向的普通共同课占了很大比例，其中最大的差别在于国际化方向的双语课程学分占普通共同课总学分的一半（主要有欧美文学概况、英语视听说等课程），由此我们可以看出，上海财经大学在国际化人才培养中，首先做到了对国际语言沟通能力、国际文化背景熟知度的重视。但在专业课程设置上，四个不同方向的会计学专业几乎没有差别，且专业课程学分所占比例远小于通选课程。所以仅从国际化人才培养的角度来考虑，这一点体现不出熟知国际化会计知识的素质能力要求。

2. 中央财经大学的课程设置分析

中央财经大学会计学院作为目前全国高校会计学科办学规模最大的高级财会人才培养基地之一，在人才培养过程中实施"请进来、走出去"的战略来加强国际化课程资源开发，与国际知名会计从业资质机构合作，引进职业资格资源，探索国际化人才培养模式。目前，学院开设国际会计班（ACCA方向），旨在培养具备娴熟的专业财务英语听说读写技能，高标准的国际财务专业水平，知识面广博，适应现代商务需要，能在大型跨国公司、大型涉外股份制企业、会计师事务所或证券金融等机构从事高级财务、管理等相关工作的"财经应用创新型人才"。其课程设置主要以 ACCA 考试科目为主，并为学生配备客座导师，指导学生专业课程的学习和未来职业发展，加强学生对实务工作的了解。此外，央财每年还为 ACCA 班的同学提供企业或事务所的实习名额推荐，帮助国际会计专业学生锻炼和提高自身就业能力。这对于学生的国际化培养目标提供了相应的保障，使学生更快地接近国际化素质培养要求。

3. 西南财经大学的课程设置分析

西南财经大学会计学双语实验班通过中外合作办学模式，专业课程采用英文原版教材、英语教学，培养学生国际视野和国际交往能力，设立共计 40学分的双语教学的专业课程，例如 FA、MA 等。用英语原版教材保持了国外会计处理方法和准则要求，在学习专业课时加入了英语教学的同时，增加英语在整个教学中的比重，实现用英语去理解专业，用专业课程去加强英语训练。同时在专业选修课上设置了会计理论（英语）、商务英语写作（英语）等提升会计专业国际化的运用和理解能力的课程，将听说读写贯穿整个教学过程，注重实用性，为未来的工作奠定一定的英语基础。同时，为加强学生的科研能力，还开设了研究型的课程，例如学科导论、学科前沿等。学科前沿是指整个会计体系中居于主导地位，具有带动作用并影响人们科学观念转变的学科，蕴藏着较多关键性的问题、难题及相应的学说。了解这些学说理论，不光从理论上为学生拓展了视野，让学生学会从关键性问题出发，拥有自己的一番见解，还培养并增强了学生的学术能力，在这个实践理论相结合的社会，这种培养模式是必要的。此外，西南财经大学还开设了创新型的课程如FA2 等，旨在培养具有创新能力、适应能力的高素质专业人才；加入实习课程，培养学生实践能力，实施立体化实践教学体系，实现从理论到实践再回归理论上的良性循环。

4. 首都经济贸易大学的课程设置分析

表3　首都经济贸易大学会计专业课程设置情况表

	课程类型	学分	所占比例（%）		课程类型	学分	所占比例（%）
CGA	普通共同课	51	30	会计学	普通共同课	53	31
	学科共同课	26	15		学科共同课	26	15
	专业课	22	13		专业课	21	12
	专业选修课	25	15		专业选修课	25	15
	任意选修课	14	8		任意选修课	14	8
	社会实践课	21	12		社会实践课	20	12
	毕业论文	10	6		毕业论文	10	6
	总计	169			总计	169	

数据来源：首都经济贸易大学会计学院 2013 级学生培养方案手册。

首经贸目前开设国际化人才培养的专业主要是 CGA 专业，CGA 专业的课程设置与会计专业（无限定方向）课程设置几乎一致，没有体现出对国际化人才培养的重视；与上海财经大学的 CGA 专业相比，首经贸 CGA 专业对本文所界定的国际化人才的培养是远远不够的，因此这不利于学生的跨文化沟通能力、对国际惯例及文化背景的熟悉程度等素质的培养。

通过与首经贸部分 CGA 专业同学交谈，我们了解到该专业的国际化仅仅体现在使用英文教材及考试，课堂上师生间的沟通语言大部分还是汉语，并没有从根本上达到培养国际化人才的目标。培养具有国际化思维的人才，不仅仅停留在对语言的转变上。此外，首经贸会计学院 CGA 班的学生数量也逐年在下降，说明近几年其对于会计国际人才培养方面的重视程度不足。近几年首经贸会计学院 CGA 班人数统计表如表 4 所示。

表4　首经贸国际会计专业人数统计表

年级	人数
2012 级	30
2013 级	35
2014 级	33
2015 级	25
2016 级	17
2017 级	16

首经贸的国际化人才培养除了开设国际会计方向课程以外，还包括海外交流学习、境外派遣实习以及"1+2+1"模式的"外培计划"等优势项目，这也符合"一带一路"建设下高校的人才培养发展方向。它注重培养学生的语言能力以及学生在不同的语言环境、文化氛围下的适应能力、随机应变能力等，因此这对于学生国际化素质的提高是十分有利的。

综上分析，国内财经类大学大都已经开设了会计学（国际化方向）专业，并使用原版英文教材教学，其中上海财经大学、西南财经大学注重英文基础课程的学习，但是国内大学普遍现状是专业课程的占比少于基础课程，这对于专业化人才的培养没有明显的优势，也没有体现出国际化专业人才培养的素质要求。中央财经大学的 ACCA 班虽然重视专业知识的学习，但实际是以 ACCA 考试为重心，为学生提供免试资格和广阔的职业发展空间，这其实未能从根本上改变国内会计国际化人才培养的缺陷。首经贸的国际化专业在课程设置、社会实践环节都没有明显的国际化特色，但其"外培计划"、境外实习却是一个比较有特色的国际化人才培养模式。

目前，国内高校的会计国际化专业大都涉及的是与欧美地区的国家交流学习，这只是片面地理解了会计国际化人才培养，不利于国际化人才培养目标的全面实现。国际化不仅仅是针对英语国家，而是全球所有国家和地区，比如阿拉伯语国家等。在"一带一路"建设新思路下，高校更应该注重对于"一带一路"沿线国家（地区）的会计人才培养，这不仅为学生的海外就业创业提供了机会，也为"一带一路"倡议下的一流人才培养奠定基础。

（二）国外知名会计专业高校培养现状

国外知名的会计专业高校大都在欧美地区，亚非拉地区的会计专业相对比较落后，而且美国最具权威的大学排名机构《美国新闻与世界报道》（U.S.News&World Report）发表了一年一度的全美大学排名，根据 2017 年美国会计专业排名，排在前5名的分别是德州大学奥斯汀分校、芝加哥大学、宾夕法尼亚大学、伊利诺伊大学香槟分校、密歇根大学安娜堡分校，因此本文只针对美国的几所大学进行现状分析。

1. 德州大学奥斯汀分校、密歇根大学安娜堡分校、伊利诺伊大学香槟分校课程设置分析

表5　德州大学奥斯汀分校

课程类型	学分	所占比例（%）
通识类课程	40	33
专业基础课	48	40
专业方向课	21	18
专业选修课	6	5
任意选修课	5	4

表6　密歇根大学安娜堡分校

课程类型	学分	所占比例（%）
通识类课程	27	38
专业课	37	52
任意选修课	7	10

表7　伊利诺伊大学香槟分校

课程类型	学分	所占比例（%）
通识类课程	42	34
专业课	26	21
非会计类课程	49	40
任意选修课	7	6

数据来源：王慧璞.会计国际化背景下的我国本科会计人才培养方案研究[D].上海:上海外国语大学，2013.

从表5、表6、表7中我们可以看出，三所国外大学在会计课程设置上最明显的一个共同点就是，通识类课程所占比例小于专业类课程，这一点也说明国外在人才培养过程中，对专业胜任能力的重视程度比较高。

资料显示，密歇根大学安娜堡分校商学院为使学生深入了解全球热门的商科类话题，让学生通过去国外公司实习或者实地调研将所学知识付诸实践之中，它为学生提供了假期去摩洛哥卡萨布兰卡、智利、冰岛雷克雅未克、中国香港、新加坡等地进行专业实习的机会。

此外，为了拓展学生的国际化视野，让学生体会不同文化背景下的经济市场、商业运作模式、经济思维方式等，它还设置了去中国北京、上海、深圳及南非开普敦等地的公司实地访问和企业家们的交流互动等活动项目。由此我们可以看到，密歇根大学安娜堡分校商学院在人才培养上特别注重实践教学，而且这一实践教学环节有各种不同形式的国际项目，这不仅丰富了它的国际交流合作项目的形式，还为学生提供了更多走出去看世界的机会，让学生们开阔眼界，增长更多见识。

2. 宾夕法尼亚大学沃顿商学院、芝加哥大学海外课程项目分析

作为会计专业排名比较靠前的学校，芝加哥大学为学生提供通往多个国家的海外交换学习项目，比如去中国北京大学、人民大学做交换生的项目，这类似于首经贸的"外培计划"，但是它涉及的高校分布比较广，为学生提供了更广阔的锻炼空间。沃顿商学院为鼓励学生去境外学习，与20多个世界顶尖级的高校签订合作协议，这种国际人才培养方式有助于锻炼学生的自主学习能力、外部环境的适应能力，而这些能力都是国际化人才素质的最基本要求，因此这种项目在国内是值得借鉴和提倡的。

综上分析，国外高校的国际化人才培养都十分重视对境外实践能力的培养。学校设置各类境外实习或交换学习项目，一方面对学生的独立性提出了较高的要求，另一方面也有助于开阔学生的国际视野，丰富人生经历，这两点也正好体现了国际人才素质对宽广的国际化视野、独立的国际活动能力的要求，因此国外高校的这种培养方式是有助于培养一流国际化人才的，也是值得国内各高校学习的。

此外，根据"一带一路"建设思路，我国注重对亚非拉地区的投资，因此加强与亚非拉地区高校的交流合作、培养当地的会计国际化人才也是非常有必要的。而只针对英美等国开展国际化交流项目是不够全面的国际化战略思路，高校交流合作应涉及"一带一路"沿线各国（地区），尤其是正在发展中的亚非拉地区。

（三）国内外高校培养现状的对比

通过前面的分析比较，我们可以看出国内对于会计国际化人才的培养模式与国外的会计教育有很大差别。国内的会计国际化方向专业课程设置，通识类课程的占比要远高于专业类课程，这一点与国外会计学教育的课程设置刚好相反。国外高校的课程设置更注重会计专业课的学习实践；而国内高校的会计教育，对于专业课的学习只是皮毛，有的院校设置 ACCA、CGA 等国

际化课程,教师授课用书也用考试教材,仅仅是为了考取相关的资格证书,是一种应试教育方式。笔者认为,从会计教育的角度来看,国际化专业课程的学习更多的是学习其理论精髓、转变思维方式、强化国际化意识。而从会计实务的角度考虑,国际化人才培养更注重实际操作能力、随机应变能力,以及专业胜任能力,这也要求学生在学习过程中对专业素养的积累,只有掌握了专业知识,拥有一定的专业素养才能真正地胜任会计行业内的相关工作,才能在经济全球化时代中立足。因此,国内高校教育对于国际化人才培养模式还有待进一步地改善。

四、会计国际化人才培养面临的挑战

基于"一带一路"的大背景,无论是协同其他国家发展,还是增加我国自身人才储备,国际化人才培养都是必要的。随着"一带一路"建设的推进,人才需求量尤其是沿线国家(地区)大幅增长,不仅如此,对国际化人才而言,更多的要求是全面发展,能够适应不同的国际环境需要。按照目前的培养系统,培养出来的大学生大多只局限于熟悉普通的国际准则和知识,这样的人才在面对新的战略时可能会难以适应,某种程度上来说也限制了国际的交流合作。因此,高校应当培养出更富有创造性、全面性的人才来满足新形势的需要。

除此之外,了解"一带一路"相关国家(地区)的文化政治、法律准则也是必不可少的,因此培养熟悉这些地区语言的人才也是会计国际化的一大挑战。学生除了专业课的学习外,还需要学习语言,相应地,高校会计专业也需要相关的语言专业作辅助,这也就加大了课程设置的难度,学生的学业负担也加重了。"一带一路"涉及的沿线国家(地区)中,不乏存在着国情复杂、社会不安定等因素,要想了解一个地方,首先需要了解他们的语言、文化背景,因此在语言方面,对"一带一路"背景下的国际化人才,又提出了更高的要求,不仅要掌握适用于当地的会计专业的知识、国际会计准则等,还应该掌握当地语言,为学术研究、交流等奠定基础。

五、对会计国际化人才培养的建议

基于以上分析及"一带一路"倡议"引进来"和"走出去"相结合的观点,本文对于国内财经类高校会计国际化人才培养提出以下几点建议。

（一）"引进来"

1. 创新国际人才培养模式

国际化人才首先要有国际化思维，因此，会计国际化人才培养要以培养创新创业人才、海外高端人才为目标，要把转变国内学生的思维方式作为创新人才培养模式的第一要务。国内学生对于国际化的理解大多都停留在"只要有足够的英文功底就实现了国际化"这一层面，这是一种片面的理解，真正的国际化要求学生在掌握外语能力的基础上，还要具有一定的国际化意识、国际化思维、较强的心理素质等。

此外，转变学生的思维方式还可以从学校层面入手，改进学生质量评价体系，即不以分数论人才，通过综合素质的培养考核来完善学生素质能力评价体系，培养高质量的国际化人才，从而进一步满足"一带一路"沿线国家（地区）的财务人才需求。例如，可以在国际化会计专业学生的质量评价体系中，增设国外讲座、工作坊学习的选修学时，且学生必须完成相关的此类学时要求，从而提升国际会计专业学生从国际化视角看世界的能力，更好地完善自我，高质量地达到国际人才的素质要求。

2. 深化国际会计专业课程改革

学习专业课程是专业化人才培养最基本的途径，因此合理的国际会计专业课程安排显得尤为重要。在专业基础课程设置中，要注重对学生外语听说读写能力的培养。同时，各国的财政政策、市场资源配置等情况各不相同，专业基础课的学习也要注重中外结合，对比学习，比如财政学（中外）、金融学（中外）等等。此外，还要培养学生了解国外的人文社会等非专业的文化背景知识，这有利于培养学生跨国文化交流沟通能力。上海财经大学会计学的各个国际化方向在这一点上是比较有特色的，值得国内各高校借鉴。

在专业课程设置中，除了在教材的使用上重视选取外文原版教材外，还要加大专业课程所占的比例。前已述及，国内高校专业课程所占的比例较小，对国际会计课程的重视程度不够全面，这不利于掌握会计的国际化知识，也不利于对国际惯例的了解。以首经贸为例，首经贸会计学院的 CGA 班虽然会计课程学习国外会计准则，但是税法商法等课程却以国内的法律大环境为背景来进行学习，这阻碍了学生对于整个国际化大背景的认识，也不利于对国际会计的熟稔掌握和准确运用。

现有研究对高校课程设置进行分析的标准大多是类似于：公共基础课、专业基础课、专业课的传统的课程分类，这种分类方式割裂了国际化会计人才培养课程设置与素质培养目标之间的联系，没有解决国际化会计人才培养的核心问题。本文认为，应将国际化人才培养目标与课程设置相结合，分析出每种素质培养所对应的课程类别并开展实施，从而更有针对性地为学生提供素质教育。比如针对"一带一路"沿线非英语国家（地区）的交流项目，学校的课程设置除了学习会计专业课外，还应该有配套的语言学习课程，从而保证会计国际化人才能适应全球各国的语言环境、法律环境等。

最重要的是，专业课程的学习要更加注重理论和实践的结合，而且会计的实操性比较强，所以各高校国际会计专业的人才培养更要重视对学生的社会实践教学安排。

3. 加强国际会计专业教学质量保证

高质量的专业教学是国际人才培养的重要保证，海外教学名师是高端国际人才培养的重要保障。学校可以通过外派本校教师去海外交流学习或引进优秀的海外教师来强化国际会计专业的师资力量，完善国际会计专业的课程体系，为学生提供选修国际课程的比例，也可以相应地加大外教课程的选修学分要求，突出表现国际化会计专业的鲜明特色，这在一定程度上也有助于开阔学生的国际化视野，为高端国际会计人才培养提供质量保障。

（二）"走出去"

1. 重视国际会计专业学生的海外留学教育

很多学生选择国际会计专业一方面是为了考相应的证书，如 ACCA、CGA 等，另一方面是为研究生阶段出国留学做准备。考资格证书有各种教育机构来做相关培训，这并不是各大高校人才培养的目的。各高校国际会计专业的设置还要重视学生的需求，为学生提供更广阔的学习平台、带来更多可选择的求学机会。例如，首经贸设有"1+2+1"培养模式的"外培计划"，这种培养模式既是对学生外语能力水平的考验，更是对学生综合国际素质能力的培养。总之，这种培养方式有利于学生更快地达到国际化人才的 7 种素质要求，是一种比较新颖的国际化人才培养方式，值得国内高校借鉴学习。此外，根据"一带一路"倡议思考要求，本文认为国内各高校也可以和"一带一路"沿线国家（地区）实施合作联盟，为学生搭建学习平台，提供更优质的学习环境。

2. 开展多方跨高校交流合作项目

借鉴"一带一路""走出去"的思想，本文认为高校国际化人才培养可以通过跨文化交流合作为学生提供更多去国外学习的机会，比如前文所提及的安娜堡分校的各类实践项目。各高校可以和国外高校合作，选派优秀学生去国外交流学习一段时间，既保证学生按时完成本科学业，还扩宽了学生的国际视野，体验到不同文化背景下高校的学习氛围。学生仅仅局限于本校的学习生活是远远不够的，去国外学校的交换学习不仅是对本科生活的充实，同时也提升了学生的抗压能力和快速应对环境的能力。

3. 加强高校国际会计专业与企业的合作

会计专业是一个理论与实践相结合的学科，前述内容大多都是为了提升学生的综合素质能力，包括专业理论水平。但是会计专业的实践性也是一个非常重要的环节，因此重视国际会计专业学生的社会实践教育也是国际化人才培养的重要内容。虽然部分高校与企业有合作，会计专业各个方向的学生都会去企业实习，但是这种合作方式并没有突出国际会计专业的特色。因此，本文认为各高校可以加强与企业的合作，并重点突出国际会计专业的特色，例如与外资企业或四大事务所签订合作协议，选录优秀的学生去外资企业实习，为学生的职场道路提供更多便利机会，同时丰富学生的工作经历，使学生积累更多社会经验。

参考文献：

[1]贺宏.国际化会计人才培养的中外比较[J].教育与职业，2011(14)：108-110.

[2]孔韬.珠三角国际化会计人才需求与人才培养探析[J].重庆电子工程职业学院学报，2012(5)：83-87.

[3]刘秀玲，谭会萍，苗芳.国际化人才培养系统的构建与实施[J].大连民族学院学报，2010(4)：383-385，389.

[4]马永辉，施洋.基于校企合作的国际化人才培养模式研究[J].黑龙江高教研究，2013(2)：148-150.

[5]王慧璞.会计国际化背景下的我国本科会计人才培养方案研究[D].上海：上海外国语大学，2013：23-26.

[6]周谷平，阚阅."一带一路"战略的人才支撑与教育路径[J].教育研究，2015(10)：4-9，22

中国政府资助外国留学研究生奖学金制度效果评价与优化

林乐芬①

（南京农业大学金融学院，江苏南京 210095）

摘要：通过南京 6 所高校来华留学研究生的问卷调查，分析了来华留学研究生的个人信息、汉语学习情况、奖学金评价情况，使用模糊综合评价法对中国政府奖学金运行效果进行评价，得出中国政府奖学金制度运行效果良好，对留学生自身、母国教育及社会均产生较强的积极效果的结论。在此基础上提出扩大留学研究生名额，增设奖学金种类；多途径加强中文培训，消除语言障碍；优化培养方案，完善课程体系等建议。

关键词：中国政府奖学金；来华留学研究生；运行效果评价

1956 年起，中国政府开始向国际留学生提供奖学金。改革开放后，中国国际教育快速发展，为吸引国际优质生源来华留学，1996 年，中国设立了中国政府奖学金计划并成立了国家留学基金管理委员会（CSC），成为我国奖学金体系的重要组成部分。来华留学生数量逐年快速增长，其中来华留学研究生增长速度更快，政府奖学金向研究生层次人才倾斜，中国政府奖学金对扩

---

①林乐芬，女，南京农业大学金融学院财政金融研究中心主任，教授，博士生导师，研究方向：金融学。

大留学生规模及提高留学层次作用显著。《国家中长期教育改革和发展规划纲要（2010—2020 年)》及 2010 年发布的《留学中国计划》，从制度上保证来华留学研究生教育的大发展。2013 年，习近平主席在提出"一带一路"倡议的同时，也提出了"五通"的概念，最后一项就是"民心相通"，中国政府奖学金制度将助力推动中国与"一带一路"国家（地区）在教育、文化等人文方面的交流合作，为"一带一路"建设构筑深厚的民意基础和社会根基。同时，中国政府奖学金这一国家品牌具有提高国家软实力、推广高等教育国际化、开展国际教育交流与合作的积极效应。"一带一路"倡议下，来华留学工作迎来新一轮迅速增长，增长率较前几年有大幅提升，达到 20.44%，比同年全球增速水平高 3 倍。我国已先后与 46 个国家和地区签订了学历学位互认协议，其中"一带一路"国家（地区）24 个。

据教育部统计，2016 年共有来自 205 个国家和地区的 442773 名各类外国留学人员在 31 个省、自治区、直辖市的 829 所高等学校、科研院所和其他教学机构中学习，比 2015 年增加 45138 人，增长比例为 11.35%，比 2012 年增长了 35%。其中，中国政府奖学金生 49022 人，占来华生总数的 11.07%，相比 2012 年增加了 70%。奖学金生中，硕博研究生比例高达 69%，比 2012 年占比增加了 12%。2008 年起，国家加大对来华留学研究生资助力度，通过中国政府奖学金来华留学的人数倍增，与自费留学研究生差距逐渐减小。中国政府奖学金对高层次人才的吸引力不断提升，引领来华留学向高层次、高质量发展。因此，在中国政府奖学金制度实行 20 年后的今天，制度运行效果如何？是否达到提升留学研究生素质、增进两国人文合作的目标？值得研究。

一、来华留学研究生问卷的基本情况

近年来，南京针对境外留学生的奖学金持续增加，南京高校一直为留学生提供三级奖学金，包括国家留学基金委及省市政府奖学金等。同时，南京高校教育教学质量、专业培养能力持续提升。境外留学生数量激增、选择专业日渐多元，南京来华留学研究生成为中国国际化教育的重要力量。以南京农业大学为例，2014 年长短期留学生 706 名，包括学历留学生 212 名（博士生 135 名、硕士生 59 名、本科生 18 名）和非学历留学生 477 名，其中研究生（194 名）占学历生的比例为 91.5%，留学生主要来自巴基斯坦、越南、印度尼西亚、肯尼亚、苏丹、埃塞俄比亚等发展中国家。

本研究采用方便抽样的方法，选取了南京农业大学、南京师范大学、南

京大学、南京航空航天大学、南京理工大学、东南大学等 6 所南京高校的国际学生，使用结构化问卷，采取实地调查和网络调查相结合的方式，发放 125 份实地问卷和 25 份网络问卷共计 150 份，有效问卷 132 份，有效问卷对象为通过中国政府奖学金资助来华的留学研究生。调查问卷大部分为封闭式问题，主要针对国际学生留学期间的学习情况和奖学金评价，同时收集留学生关于提高奖学金效用的建议。

（一）个人信息

调查的样本分布如下：调查对象分布于南京农业大学、南京师范大学、南京大学、南京航空航天大学、南京理工大学、东南大学等 6 所南京高校，其中南京农业大学占 63.6%，南京理工大学占 19.7%。调查对象中，男生占比 87.1%，女生占比 12.9%；20—30 岁青年占比最高，为 78.0%，30—40 岁占比 20.5%，40 岁以上占比 1.5%；硕士占比 35.6%，博士占比 64.4%；从研究专业看，文科占比 23.5%，理科占比 76.5%；从国籍看，亚洲占比 76.0%，以巴基斯坦留学生为主，非洲占比 21.7%，欧洲仅占 2.3%；从入学年数看，问卷对象目前处于第一学年占比 66.2%，第二学年占比 16.2%，第三学年占比 11.5%，第四学年占比 6.2%。

表 1　来华留学研究生个人信息

项目	类型	百分比（%）	项目	类型	百分比（%）
高校	南京农业大学	63.6	学位	硕士	35.6
	南京师范大学	5.3		博士	64.4
	南京大学	0.8	专业	文科	23.5
	南京航空航天大学	8.3		理科	76.5
	南京理工大学	19.7	国籍	亚洲	76.0
	东南大学	2.3		非洲	21.7
性别	男	87.1		欧洲	2.3
	女	12.9	入学年数	第一学年	66.2
年龄	20—30 岁	78.0		第二学年	16.2
	30—40 岁	20.5		第三学年	11.5
	40 岁以上	1.5		第四学年	6.2

（二）汉语学习情况

问卷对象中，92.2% 的研究生在来中国之前未学习过汉语，这部分学生中，81.5% 的研究生准备来中国学习英语课程以及基础汉语，仅 18.5% 的研究生准备将学习高级汉语作为学习的先决条件。74.8% 的研究生在来中国之前，在母国有学习中文的机会，且母国有 5 家以上汉语机构的比例达 44.3%。留学研究生在来中国之前主动学习汉语积极性不高，通过中国政府奖学金来中国之后可能由于语言障碍，无法与导师有效沟通以及有效阅读中文文献，造成科研学习的困难，影响奖学金的实施效果。91.4%的来华留学研究生来到中国之后学习汉语，主要通过参加汉语课程、与中国朋友交流、参加中国社交活动、使用翻译软件等学习方式。

从汉语学习情况看，问卷对象在汉语阅读、写作、会话与听力处于初学者水平的占比均最高，会话与听力能力略强于阅读和写作能力，汉语综合水平为零基础和初学者的占比为95.4%，绝大部分来华留学研究生汉语水平较差，与中文导师交流存在较高的语言障碍。与导师进行的学术性互动、导师的学术指导与来华留学研究生的学习收获正相关。汉语阅读方面，零基础占比42.4%，初学者占比53.0%，高级仅占0.8%；汉语写作方面，零基础占比41.7%，初学者占比54.5%，高级仅占0.8%；汉语会话方面，零基础占比18.9%，初学者占比69.7%，高级占比1.5%；汉语听力方面，零基础占比23.5%，初学者占比64.4%；汉语综合能力方面，零基础占比46.2%，初学者占比49.2%。

表2　来华留学研究生中英文学习情况

项目	类型	零基础（%）	初学者（%）	一般（%）	高级（%）
汉语	读	42.4	53.0	3.8	0.8
	写	41.7	54.5	3.0	0.8
	说	18.9	69.7	9.8	1.5
	听	23.5	64.4	10.6	1.5
	综合	46.2	49.2	3.8	0.8
英语	读	0.0	0.8	23.5	75.8
	写	0.0	3.0	29.5	67.4
	说	0.8	2.3	44.7	52.3
	听	0.0	3.8	31.8	64.4
	综合	0.0	3.0	50.8	46.2

调查问卷中，仅6.5%的留学研究生母语为英语，93.5%留学研究生英语作为第二外语。从英语学习情况看，问卷对象在英语阅读、写作、会话与听力处于高级水平的占比均最高，其次是一般，汉语综合水平为一般和高级的占比为97%，表明绝大部分来华留学研究生英语水平较好，能熟练运用。英语阅读方面，高级占比75.8%，一般占比23.5%；写作方面，高级占比67.4%，一般占比29.5%；会话方面，高级占比52.3%，一般占比44.7%；听力方面，高级占比64.4%，一般占比31.8%；综合方面，一般占比50.8%，高级占比46.2%。

与英文学习情况相比，来华留学研究生来中国之前学习汉语积极性不高。他们认为英文作为国际语言通用度高，而学习汉语积极性不高则因汉语使用需求小、自身激情缺乏、汉语师资力量限制、母国汉语机构不足、对中国认识不深刻等原因导致。他们来中国之后通过多种渠道学习汉语，但目前汉语学习不理想，语言障碍仍较高，存在巨大练习空间。

（三）中国政府奖学金评价情况

来华留学研究生来到中国之前，除中国之外，美国、英国、澳大利亚、德国等发达国家是热门倾向留学的选择，70.6%的留学研究生认为中国政府奖学金比其他倾向留学的国家更好。67.4%的留学研究生是由于奖学金以及教育质量来到中国学习，20.2%是单纯被中国政府奖学金吸引。如果没有中国政府奖学金，72.9%的问卷对象不会选择来中国自费学习，他们主要通过社交媒体、在中国学习的朋友、CSC 等途径了解中国高校及该奖学金，表明中国政府奖学金有效推动了研究生的来华留学行为。相比倾向留学的其他国家，中国具有更好的研究质量、更宽松的入学标准、高级技术、更好的教育课程、更合格的教职工，但是大学排名不如其他国家，也存在更高语言障碍。

表 3　来华留学研究生教育系统评价

项目	类型	中国（%）	除中国外倾向留学的国家（%）
奖学金偏好	奖学金选择	70.6	29.4
教育系统比较	更好的研究质量	62.0	38.0
	更好的大学排名	40.7	59.3
	入学标准严格	46.3	53.7
	高语言障碍	80.8	19.2
	高级技术使用	56.2	43.8
	更好的教育课程	52.1	47.9
	更合格的教职工	53.8	46.2

来华留学研究生通过中国政府奖学金来到中国之后，奖学金将帮助其在中国的学习以及生活。学习帮助方面，评价"免费使用研究数据库""在期刊上免费发表论文""在国际会议上免费提交论文""免费参加研讨会"为"满意"的占比最高，评价"免费使用实验室物品""免费阅读图书馆书籍""免费使用学习用品"为"很满意"的占比最高，留学研究生对中国政府奖学金学习帮助的评价较高，表明奖学金较好地契合了留学生学习基础中文、发

表研究论文、学习科研工具等需求。

覆盖费用方面，医疗费用、市内旅游费、住宿租金、娱乐活动、电费单、标准餐费、必要鞋服等评价为"满意"或"很满意"占比最高，而回家费用评价为"很不满意"占比最高，去其他城市旅游费用为"不满意"占比最高，中国政府奖学金保障留学生在中国生活的基本生活费用，不包括出行等与学习无关的支出。

表4　来华留学研究生奖学金评价

项目	类型	很不满意(%)	不满意(%)	一般(%)	满意(%)	很满意(%)
中国政府奖学金对留学研究生学习帮助	免费使用研究数据库	2.4	4.7	21.3	40.9	30.7
	免费使用实验室物品	2.4	3.1	18.1	29.9	46.5
	在期刊上免费发表论文	2.4	1.6	22.8	39.8	33.3
	在国际会议上免费提交论文	2.4	3.2	31.2	37.6	25.6
	免费参加研讨会	3.1	4.7	26.0	33.9	32.3
	免费阅读图书馆书籍	2.4	4.8	15.2	36.0	41.6
	免费使用学习用品	12.7	19.8	20.6	23.0	23.8
中国政府奖学金费用覆盖	季节性疾病的医疗费用	7.9	15.7	25.2	36.2	15.0
	严重疾病的医疗费用	10.5	16.9	25.8	29.8	16.9
	南京市内旅游费用	22.4	20.8	22.4	26.4	8.0
	去其他城市旅游费用	24.6	27.8	23.0	18.3	6.3
	回家费用	36.7	25.0	12.5	18.0	7.8
	住宿租金	1.6	6.3	12.7	44.4	34.9
	娱乐活动	9.6	18.4	29.6	30.4	12.0
	电费单	16.3	17.9	19.5	28.5	17.9
	标准餐费	12.7	15.9	18.3	38.1	15.1
	必要鞋服等	15.9	18.3	20.6	34.1	11.1

二、中国政府奖学金制度运作效果评价分析

（一）评价指标及方法选取

本研究使用来华留学研究生自身素质、来华留学研究生国家教育体系、来华留学研究生国家社会发展等3类一级指标评价中国政府奖学金制度运行效果，并在3类一级指标下设15类二级指标。指标采用李克特五级量表，使用国内外研究普遍使用的模糊综合评价法，使用变异系数法（变异系数=标准

差/均值）确定权重，客观有效，更易于体现被评分单位信息。指标设为1—5分，分别代表"强烈不同意""不同意""一般""同意""强烈同意"，得分越高，评价越好，同时采用均分原则将1—5分划分为5个区间。

表5 中国政府奖学金制度运作效果评价权重

目标层	一级指标	二级指标	权重	综合权重
中国政府奖学金制度运行效果评价	来华留学研究生自身素质	研究能力增强	0.2077	0.3610
		教学能力增强	0.1993	
		成为汉语推广者	0.1997	
		中国项目优先参与	0.2279	
		财政能力增强	0.1654	
	来华留学研究生国家教育体系	师资力量增强	0.2077	0.3282
		教学模式改善	0.1993	
		研究文化推广	0.1997	
		教育课程改进	0.2279	
		高等教育认识提高	0.1654	
	来华留学研究生国家社会发展	汉语推广	0.2105	0.3109
		采用中国的正面社会规范	0.2137	
		国家邦交关系改善	0.1746	
		制度层面关系加强	0.2023	
		新技术专门知识转移	0.1989	

（二）中国政府奖学金制度运作效果评价

奖学金制度运作效果的综合评分为3.9825，位于"同意"的区间，表明留学研究生认为奖学金效果较好，对自身及母国产生较强的积极效果，来华留学研究生对奖学金的正面效果表示满意。

表6 中国政府奖学金制度运作效果评价结果

目标层	一级指标	二级指标	均值	评分	综合评分
中国政府奖学金制度运行效果评价	来华留学研究生自身素质	研究能力增强	4.1970	3.9236	3.9825
		教学能力增强	4.1231		
		成为汉语推广者	3.5573		
		中国项目优先参与	3.6769		
		财政能力增强	4.1221		

续表6

目标层	一级指标	二级指标	均值	评分	综合评分
中国政府奖学金制度运行效果评价	来华留学研究生国家教育体系	师资力量增强	3.9531	4.0224	3.9825
		教学模式改善	3.9845		
		研究文化推广	4.1328		
		教育课程改进	3.8692		
		高等教育认识提高	4.2326		
	来华留学研究生国家社会发展	汉语推广	3.7500	4.0088	
		采用中国的正面社会规范	3.7266		
		国家邦交关系改善	4.3023		
		制度层面关系加强	4.1484		
		新技术专门知识转移	4.1860		

来华留学研究生自身素质方面，奖学金制度运作效果评分为3.9236，位于"同意"区间，表明留学研究生认为接受奖学金资助来华学习，对自身发展产生较大的正面效果，改善个人能力。具体来看，"研究能力增强"的评分最高，其次是"教学能力增强"，留学研究生在中国留学期间学习许多关于研究和教学的实用方法，奖学金制度有助于提高研究生的科研及教学能力，为将来从事科研工作或教育事业增强自身实力。每位来华留学研究生将学习基础汉语，毕业后他们返回祖国，可以将汉语传播给同胞们，他们在自己的国家扮演汉语代表和推动者的角色。中国政府正在许多国家推行合作项目，中国毕业的国际留学生有可能优先获得招聘职位，最终将为其家庭提供财政支持。"汉语推广者"和"中国项目优先参与"评分相比略低，表明目前汉语推广和项目优先参与的效果不如其他明显。

来华留学研究生国家教育体系方面，奖学金制度运作效果评分为4.0224，位于"同意"区间，表明留学研究生认为奖学金对母国教育体系产生较大的正面效果。大部分来华留学研究生毕业将回国加入高校的教学行列，同时将中国先进的教学模式、严谨的研究作风、优秀的课程带回，提高国民对高等教育的认识。"高等教育认识提高"的评分较高，达到"强烈同意"区间，表明奖学金对留学生母国高教意识提高的效果积极且显著。

来华留学研究生国家社会发展方面，奖学金制度运作效果评分为4.0088，位于"同意"区间，表明留学研究生认为奖学金对母国社会发展产生较大的正面效果。他们在中国学习，从中华文化中获取能够在归国后改善国家社会的规范、知识等，促进社会进步。同时，他们带回先进技术及汉语，为推进两国邦交关系友好做贡献。"国家邦交关系改善"评分较高，达"强烈同意"区间，表明奖学金作为改善两国邦交关系的纽带效果巨大。

三、结论与建议

本研究调查了来华留学研究生对中国政府奖学金制度运行效果评价。结果发现，中国政府奖学金制度运行效果较好，对留学生自身及母国教育及社会均产生较强的积极效果。留学研究生认为奖学金对自身发展产生较大的正面效果，目前汉语推广和项目优先参与的效果不如其他明显；奖学金对母国教育体系和社会发展产生较大的正面效果，尤其是提升高等教育意识、改善国家邦交关系方面。但留学研究生来中国之前学习汉语积极性不高，在华留学期间语言障碍仍较高。据此，我们提出如下建议：

（一）扩大留学研究生名额，增设奖学金种类

2016 年中国政府奖学金中研究生占比明显提高，但占来华留学的研究生比重仍较小，奖学金名额相对有限，研究生名额更少。与主要发达国家相比，无论在数量还是在学生层次上来华留学研究生均与我国迅速提升的国际地位不匹配。建议增加高层次学历人才的政府奖学金名额。在中央政府主导的同时，发挥政府奖学金的引领作用，加强地方政府、企业对高校留学奖学金的支持，构建多元化奖学金体系。地方政府可以在当地财政基础上，设立地方政府奖学金或加大奖学金投入，积极开展与国际友好城市的合作交流，尝试设立基于两省或两市的联合奖学金。以日本的民间团体为例，当地政府可以鼓励企业设立定向专业或就业的奖学金吸引国外高技术专家，提升企业国际竞争力。

（二）多途径加强中文培训，消除语言障碍

建议来华留学研究生国家在留学生出国之前增加中文培训，与中国政府合作增设汉语教育机构，扩大本国汉语教师的队伍。中国高校加大中文培训，开设预科教育。2009 年，教育部颁发了《教育部关于对中国政府奖学金本科来华留学生开展预科教育的通知》，明确规定对本科来华留学生开展一年的预科教育，但对来华留学研究生的预科教育并没有明确政策规定，由各高校自主选择是否实行预科教育。以南京高校为例，南京大学对本科、研究生均设置一年预科教育并实行 HSK 考试；南京农业大学对研究生开设基础汉语必修

课，但不参加 HSK 考试，造成一定语言障碍。因此，建议中国高校在来华留学研究生正式接受专业课程前开设预科教育并设置统一的汉语水平测试，带动留学生进行汉语补习。留学生本人应主动培养积极学习汉语的兴趣，通过参加汉语课程、参加中国社交活动、观看中文节目等方式，提高自身的汉语水平。政府与高校应加大对中国传统文化的推广力度，激发来华留学研究生学习汉语的动力。广泛开展汉语宣传推广活动，可定期举办文化交流活动。注重来华留学研究生的形象推介，厚植人脉，重视培育来华留学生对中国的认同感，培育知华友华力量。

（三）优化培养方案，完善课程体系

2017 年 6 月 2 日，《学校招收和培养国际学生管理办法》发布，进一步规范了学校招收、培养、管理国际学生的行为。高校应树立国际化教育理念，按照培养国际高层次人才的要求，打造来华留学研究生的特色教学体系。以全英文授课为主、双语授课为辅，加快双语人才引进。在专业课程的基础上，增设学科前沿、科研方法、文化交流等英文专题讲座与研讨会，严格监督来华留学研究生课程学习、论文写作等环节的质量。

参考文献：

[1] 陈丽，伊莉曼·艾孜买提."一带一路"沿线国家来华留学教育近 10 年发展变化与策略研究 [J] .比较教育研究，2016(10):27-36.

[2] 教育部.2016 年度我国来华留学生情况统计 [EB/OL] .http://www.moe.gov.cn/jyb_xwfb/xw_fbh/moe_2069/xwfbh_2017n/xwfb_170301/170301_sjtj/201703/t20170301_297677.html.

[3] 汪丽琴，郑刚.师范院校来华留学研究生教育发展现状及其改善——基于 2004—2012 年师范院校来华留学生数据分析 [J] .教育学术月刊，2014(9):68-73.

[4] 文雯，王朝霞，陈强.来华留学研究生学习经历和满意度的实证研究 [J] .学位与研究生教育，2014(10):55-62.

[5] 郑刚.新世纪来华留学研究生教育发展现状及其改善 [J] .学位与研究生教育,2013(1):57-62.

[6] 学校招收和培养国际学生管理办法 [EB/OL] .http://www.moe.edu.cn/srcsite/A02/s5911/moe_621/201705/t20170516_304735.html.

海南高等教育国际化发展现状与前瞻

李振玉①

（海南师范大学教育科学研究院，海南教育改革与发展研究院，
海南海口 571158）

摘要：建省 30 年，海南高等教育发展迅速，高等教育国际化方兴未艾。海南省高校与五大洲上百所高校建立教学科研、人才培养等合作关系。留学生教育主动服务"一带一路"沿线国家成绩显著，在热带农业、海洋、食品、经济、旅游、汉语教师培训等专业领域，培训官员、专业技术人员、本土汉语教师等 2500 余人；全省 12 所高校接收外国留学生 3520 余人。如何深化改革有效整合全省高校国际化教育资源，加大增设海外办学机构的力度，提高师资队伍在国外高水平大学留学和开展合作研究人员的比例，提升海南留学生教育的学历层次，是不容忽视的问题。习主席《在庆祝海南建省办经济特区 30 周年大会上的讲话》为海南省高等教育国际化发展指明了方向。

关键词：海南高等教育；国际化；发展进程；未来展望

一、海南高等教育发展的历史回顾

海南省高等教育起步晚，基础比较薄弱，1988 年建省时只有全日制高校 4 所，在校生 8742 人，教职工 2745 人。建省之后，高等教育立足改革，致

---

① 李振玉，男，教育学博士，海南师范大学教育科学研究院教授，研究方向：高等教育学。

力开放，高等教育发展战略逐渐从"外延式扩张"转向"内涵式发展"模式。相继实施了高校办学条件保障工程、高等教育教学改革与质量工程、研究生教育创新计划、高校特色培育工程、中西部高校基础能力建设工程、中西部高校综合实力提升工程、省部共建高校工程等一系列工程项目，大力促进了高等教育内涵发展，一系列改革政策措施的实行，引发高等教育发生深刻变化。从发展规模上看，目前全省共有高等院校 20 所，其中普通本科高校 7 所，高职高专 12 所，成人高校 1 所，计有在校生 217209 人，教职工 14844 人，涵盖普通、职业与成人高等教育等各领域，高等教育毛入学率达到 36.4%；从所涉及的学科门类看，涵盖了除军事学之外的十二大学科门类，建立起专科、本科、硕士及博士四个层次的人才培养体系。与 30 年前相比，高校数翻了 5 倍，在校生数翻了 13 倍多。30 年来，海南高等教育发展迅速，取得了"三新二显"的办学成效，即教育规模不断实现新跨越，教育质量不断迈上新台阶，办学水平不断取得新突破，服务地方经济社会发展的能力显著提升。

坚持内涵式发展和对外开放新格局，高等学校办学特色逐步彰显。近年来，结合国家高等教育发展战略和省委省政府对海南经济社会发展规划提出的目标，海南省已做好规划，举全省之力建好海南大学（争创一流大学和一流学科），海南师范大学以教师教育为特色，海南医学院重点发展热带医学和旅游休闲保健医学，海南热带海洋学院致力于发展以海洋资源开发与海洋生态环境保护为特色的学科专业。海南的高等教育逐步形成了热带农业、热带医疗、教师教育、旅游、海洋水产、港口贸易与物流、生物制药、现代信息产业等特色学科专业。

坚持对外开放的高等教育发展战略，以及国家的"一带一路"倡议的实施，也促进了海南留学生教育的大发展。截至 2017 年，海南各高校计有各类留学生 3520 人，覆盖五大洲，来琼留学生涉及 111 个国家和地区，其中亚洲留学生有 2635 人，占总数的 75%。

二、海南省高等教育国际化发展现状

（一）接受海外留学生情况

1. 以政策为先导，做好高等教育国际化的发展规划

为充分发挥海南省"一带一路"建设支点作用，2016 年 11 月，与教育部签订省部共同《开展"一带一路"教育行动国际合作备忘录》，相继出台

《海南省参与"一带一路"建设教育行动计划（2017—2020 年）》《海南省教育服务贸易创新行动计划（2016—2018 年）》等重要指导性文件，为促进高等教育国际化制定路线图。截至 2017 年，全省接纳留学生的高校已发展到 12 所。留学生教育的类别从单纯的语言培训向学历教育和研究生教育转变。目前海南省高校与国外上百所高校有教育科研合作关系，教师间联合开展合作研究，与国外高校互派留学生已实现常态化。据不完全统计，仅海南师范大学就已经与五大洲 58 个国家和地区的 100 多所高校和教育机构开展了学术交流活动，与境外 53 所大学和教育机构建立姐妹学校关系，与 10 所大学合作培养人才。海南大学在与海外高校开展研究生层次留学生教育方面也取得了可喜成绩，目前海南大学是海南省来琼留学生中研究生层次学生最多的高校。其他高校也在语言教育、职业技能培训、旅游等专业与国外高校建立了良好合作关系。

2. 拓展对外教育合作交流平台，有序推进海南国际教育交流活动

主要措施有：第一，积极参与中美、中加、中俄、中印尼等高级别人文交流机制，参加"中国—东盟教育交流周""中国—东盟职教博览会"和"中国国际教育年会"等活动；第二，发挥博鳌亚洲论坛公共外交平台优势，策划举办 2017 年中国—东盟省市长对话教育主题活动；第三，创设国家级对外教育交流合作平台，主要对外教育交流机构有教育部中国国际青少年活动中心（海南）、中国—东盟教育培训中心（海南热带海洋学院）、教育援外培训基地（海南热带海洋学院）、国家汉办东南亚汉语师资培训基地（海南师范大学）；第四，加强与联合国教科文组织、东南亚教育部长组织、中国—东盟中心等国际机构与海南省高等学校的联系；第五，举办各类国际教育论坛或研讨会，如中国—东盟大学校长论坛、海南—东盟教育合作与交流研讨会、中国—东盟民办高等教育发展与合作论坛、联合国教科文组织联系学校网络国际会议等。

3. 构建国家、省、校三级国际学生奖学金体系，努力打造国际旅游岛留学品牌

目前海南省有中国政府奖学金生及孔子学院奖学金生接受院校 2 所，分别为海南大学与海南师范大学，现有中国政府奖学金生 81 人、孔子学院奖学金生 58 人。2013 年设立省政府国际学生奖学金，2018 年省政府奖学金金额扩大到 1200 万元。海南大学、海南经贸职业技术学院、海南软件职业技术学院、海南外国语职业学院等高校也设立了国际学生校级奖学金。三级国际学

生奖学金体系的建立，引发各国学生来海南留学的积极性，留学生人数在2017年有明显增长。

4. 海南高校接收留学生的国家、所处地区和院校分布情况

据统计，2017年海南省计有各类留学生3520人，较去年增长近60%。在这些留学生中，有省政府奖学金在校生449人（其中博士3人，硕士43人，本科356人，专科生、语言生45人）。生源主要来自哈萨克斯坦、巴基斯坦、俄罗斯、乌兹别克斯坦、吉尔吉斯斯坦等56个国家和地区。

表1 留学生的所学专业、学位层次情况

留学生所学专业领域类别、学位层次、学习时间统计								单位：人
语言生	研究学者	普通进修生	预科生	专科生	本科生	高级进修生	硕士研究生	博士研究生
970	0	1119	0	216	911	1	168	45
长期生小计								3430
短期生小计								90
合计								3520

资料来源：海南省教育厅国际处，2017年。

上表显示，海南各高校留学生中，非学历教育的普通进修生最多，有1119人，占总数的32%；其次是语言类留学生，有970人，占总数的28%；有专科层次的留学生216人，占总数的6%；有本科层次留学生911人，占总数的26%；有硕士研究生168人，占总数的5%；有博士研究生45人，占总数的1%。在各类留学生中，学习时间超过一年以上的长期生有3430人，占总数的97%；而留学时间不足一年的短期生有90人，占总数的3%。特别是高级访问学者为零。这表明，海南高校的在读留学生高水平学历教育发展不足，提高留学生的学历学位教育层次和接收高水平合作研究者是未来亟待加强的方面。

表2 留学生在海南12所高校的分布情况

单位：人

序号	院校名称	长期生							长期生小计	短期生	短期生小计	合计
		语言生	普进	专科	本科	高进	硕研	博研		短期		
1	海南大学	332	2		216	1	108	37	696	19	19	715

续表2

序号	院校名称	长期生							长期生小计	短期生	短期生小计	合计
		语言生	普进	专科	本科	高进	硕研	博研		短期		
2	海南工商职业学院			1					1			1
3	海南经贸职业技术学院			176					176			176
4	海南热带海洋学院	112							112			112
5	海南软件职业技术学院	20							20			20
6	海南师范大学	108	148		153		45	8	462	44	44	506
7	海南外国语职业学院	23							23			23
8	海南医学院				501		15		516			516
9	海南职业技术学院	327			5				332			332
10	琼台师范学院	13			34				47			47
11	三亚航空旅游学院		969						969			969
12	三亚学院	35			41				76	27	27	103
共计		970	1119	216	911	1	168	45	3430	90	90	3520

资料来源：海南省教育厅国际处，2017年。

通过表2的统计可知，留学生中就读硕士研究生的共有168人，主要集中在海南大学、海南师范大学和海南医学院3所高校。在读博士留学生计有45人，主要由海南大学和海南师范大学来培养。未来大力发展研究生层次的留学生教育主要由海南大学、海南师范大学和海南医学院发挥更大作用。目前，海南大学的热带农业学科已入选国家一流学科行列，海南大学和海南师范大学两所高校有14个一级学科博士学位授权点，有上百个二级学科硕士学位授权点，前述学科和专业，是海南省未来大力发展研究生层次留学生教育的重要支点，前景大有可为。

表3 留学生所在国家和地区分布情况

区域	国家（或地区）	人数	占比(%)
金砖国家 BRICS（4国）	俄罗斯、巴西、印度、南非	380	10.79
东南亚国家 SEA（11国）	越南、老挝、柬埔寨、泰国、缅甸、马来西亚、新加坡、印度尼西亚、文莱、菲律宾、东帝汶	387	10.99
中亚（5国）	哈萨克斯坦、吉尔吉斯斯坦、乌兹别克斯坦、塔吉克斯坦、土库曼斯坦	408	11.59
"一带一路"沿线国家	蒙古	27	84.06
	俄罗斯	340	
	东南亚11国：印度尼西亚、泰国、马来西亚、越南、新加坡、菲律宾、缅甸、柬埔寨、老挝、文莱、东帝汶	387	
	南亚8国：印度、巴基斯坦、孟加拉国、斯里兰卡、阿富汗、尼泊尔、马尔代夫、不丹	1593	
	西亚北非16国：沙特阿拉伯、阿联酋、阿曼、伊朗、土耳其、以色列、埃及、科威特、伊拉克、卡塔尔、约旦、黎巴嫩、巴林、也门共和国、叙利亚、巴勒斯坦	88	
	中东欧16国：波兰、罗马尼亚、捷克共和国、斯洛伐克、保加利亚、匈牙利、拉脱维亚、立陶宛、斯洛文尼亚、爱沙尼亚、克罗地亚、阿尔巴尼亚、塞尔维亚、马其顿、波黑、黑山	54	
	中亚5国：哈萨克斯坦、乌兹别克斯坦、土库曼斯坦、吉尔吉斯斯坦、塔吉克斯坦	408	
	独联体其他6国：乌克兰、白俄罗斯、格鲁吉亚、阿塞拜疆、亚美尼亚、摩尔多瓦	62	
	小计	2959	
独联体国家 CIS（12国）	俄罗斯、乌克兰、白俄罗斯、格鲁吉亚、亚美尼亚、摩尔多瓦、哈萨克斯坦、吉尔吉斯斯坦、乌兹别克斯坦、塔吉克斯坦、土库曼斯坦、阿塞拜疆	801	22.75

资料来源：海南省教育厅国际处，2017年。

　　表3表明，"一带一路"沿线国家共有留学生2959人，占总数的84.06%，海南各高校在为"一带一路"沿线国家培养各类实用技术人才方面发挥了重要作用。在全部留学生中，亚洲国家留学生共有2635人，占总数的75%。独联体国家有留学生801人，占总数的22.75%。有中亚五国留学生408人，占总数的11.59%。有金砖四国留学生380人，占总数的10.79%。有东南亚十一国留学生387人，占总数的10.99%。未来与东南亚国家、欧洲国

家和美洲国家加强校际友好往来，拓展留学生教育领域和规模是努力的方向。

表4 "一带一路"沿线国家留学生数据统计

国别	人数	国别	人数
蒙古	27	不丹	0
俄罗斯	340	沙特阿拉伯	0
越南	7	阿联酋	0
老挝	40	阿曼	0
柬埔寨	19	伊朗	0
泰国	218	土耳其	7
缅甸	1	以色列	4
马来西亚	16	埃及	3
新加坡	3	科威特	0
印度尼西亚	81	伊拉克	1
文莱	0	卡塔尔	0
菲律宾	2	约旦	69
东帝汶	0	黎巴嫩	1
哈萨克斯坦	177	巴林	1
吉尔吉斯斯坦	90	也门	2
塔吉克斯坦	29	叙利亚	0
乌兹别克斯坦	93	巴勒斯坦	0
土库曼斯坦	19	波兰	18
阿塞拜疆	1	罗马尼亚	1
亚美尼亚	0	捷克	20
白俄罗斯	7	斯洛伐克	2
格鲁吉亚	2	保加利亚	2
摩尔多瓦	0	匈牙利	4
乌克兰	52	拉脱维亚	0
印度	26	立陶宛	3
巴基斯坦	246	斯洛文尼亚	2
孟加拉国	20	爱沙尼亚	1
斯里兰卡	1	克罗地亚	1

续表 4

国别	人数	国别	人数
阿富汗	8	阿尔巴尼亚	0
尼泊尔	1292	塞尔维亚	0
马尔代夫	0	马其顿	0
		黑山	0
		波黑	0
小计	2817		142
合计	2959		
占比	84.06%		

资料来源：海南省教育厅国际处，2017 年。

在"一带一路"沿线国家留学生中排名前五的国家，依次是尼泊尔 1292 人，占总数的 44%；俄罗斯 340 人，占总数的 11%；巴基斯坦 246 人，占总数的 8%；泰国 218 人，占总数的 7%；哈萨克斯坦 177 人，占总数的 6%。

（二）海南省高校对外教育服务与交流情况

1. 积极联合国外优质教育资源，开展中外合作办学

根据海南国际旅游岛建设特别是十二大重点产业发展需要，省政府决定统筹规划建设海南教育国际园区（海口、三亚），出台大力引进国外高水平大学来海南开展合作办学的政策措施。目前，海南大学与亚利桑那州立大学联合举办国际旅游学院获批招生。截至目前，海南省中外合作办学机构 1 个（含 3 个专业），另有中外合作办学项目 13 个，其中本科 4 个，高职 6 个，2017 年底中外合作办学在校生计有 1522 人。此外，积极增设海外办学机构，大力发展海外专业教育。海南大学与澳大利亚达尔文大学、海南师范大学与马来西亚世纪大学分别共建孔子学院。目前正在推动海南大学与柬埔寨皇家农业大学共建汉语教学中心。在海外专业教育方面，海南大学与马来西亚南方大学学院合作举办旅游管理硕士（MTA）专业学位项目，2017 年正式招生；海南大学与柬埔寨皇家农业大学共建汉语教学中心揭牌；海南大学与老挝巴巴萨技术学院签订举办分校协议。

2. 加强海外留学工作的指导，培养具有国际教育背景的高层次人才

为迅速改善海南省高校师生国际教育背景人才匮乏现象，近年来省教育厅和各高校加强了对师生出国留学工作的指导。首先，以国家建设高水平大

学公派研究生项目、中西部高校人才培养特别项目等为抓手，逐步扩大公派出国留学生规模，2017 年国家公派留学共录取 87 人，派出 67 人，着力培养一批海南经济社会和教育发展所急需的高层次复合型人才。其次，进一步规范自费出国留学中介市场，稳妥开展自费出国留学工作。近年来，每年派出自费出国留学人员 1000 余人，拓展了海南省大学生的海外求学之路。

3. 主动服务"一带一路"沿线国家，做好民心相通工作

主要做了如下几个方面的工作：首先，为增进与"一带一路"沿线国家人民的交往，促进经济文化合作，各高校有序增设小语种专业，积极培养各类实用型人才。海南外国语职业学院现设有涵盖泰语、柬埔寨语、印尼语、越南语等东南亚小语种在内的 15 种语言专业，海南大学、海南热带海洋学院、三亚学院等高校也积极开设相应小语种专业。其次，加强对外汉语推广工作。2013 年以来，海南省共向泰国、菲律宾、印尼、柬埔寨等国派出国际汉语教师和汉语志愿者 600 余人，此举增进了海南省与前述国家人民的友谊和经济文化往来。最后，有针对性地开展对外专业技术培训工作。海南大学、热带海洋学院近年来为亚非各国培训热带农业、海洋、食品、经济、旅游等领域官员及技术人员 500 余人；海南师范大学为东盟国家培训本土汉语教师2000 余人，而且还应菲律宾政府之邀，于 2017 年 7 月，在菲律宾巴拉望省政府为该省公务员开办汉语培训班；海南医学院承担科技部"东盟地区重大疾病防治与诊疗技术国际培训班"，帮助缅甸、印度尼西亚筹建辅助生殖实验室；海南职业技术学院与海南省农信社合作举办老挝琅勃拉邦农业发展与小额信贷培训班。

4. 各高校利用现有学科和人才优势，增设国别/区域问题研究机构

根据服务"一带一路"倡议和海南省国际旅游岛建设需要，各高校利用学科和人才优势，相继设立了国别/区域问题研究基地（或中心）。主要有：海南大学"中巴研究中心"和"澜—湄研究中心"；海南师范大学设有教育部批准的"菲律宾研究中心"、海南省社科联批准的"海上丝绸之路研究基地"、省教育厅批准的"海南教育改革与发展研究院"附设"东盟 10+3 区域教育研究领域"；海南热带海洋学院设立"马来西亚研究中心"；三亚学院设立"非洲研究中心"；等等。

这些研究基地或中心的设立，可谓生逢其时，既可以服务国家和海南国际旅游岛建设，又可以为促进海南高等教育国际化进程献计献策。

三、海南高等教育国际化存在的问题

近年来，海南高等教育国际化发展进程较快，招收海外留学生来琼留学人数迅猛增长，但与内地高校相比，还有很大的差距，留学生教育从规模到质量仍有很大的提升空间，还有许多方面的工作有待改进。

（一）管理理念落后，对高校国际化发展缺乏顶层设计

有些高校领导对高等教育国际化发展趋势的认识不足，高校管理理念有待更新。在学校发展的顶层设计中缺乏对教师出国深造、招收留学生、互派交换生，以及加强与国外高水平大学开展合作办学和学术交流等内容的长远规划，一些高校重视与境外大学互访、签合作协议，但忽视落实。这些现象的存在，不仅影响了学校的长远发展，也有损学校的国际影响力。

（二）现有留学生教育的层次不高、专业性不强

有的高校领导在对待高等教育国际化的具体管理中，不善于对学校优质教育资源进行合理整合，仅仅将促进高等教育国际化工作看作是外事管理部门或国际交流学院一家的事，由于专业视野所限，规划招收留学生的专业吸引力不强，表1的统计显示，在海南各高校所有留学生中攻读硕士学位的研究生只有168人，占总数的5%；攻读博士学位的研究生仅有45人，占总数的1%。这表明，海南留学生教育中高学历、高学位专业留学生人数偏少，这种状况亟待改变。

（三）高校教师队伍中缺乏高水平国际化人才

目前，全省高校具有留学或国际合作研究背景的教师偏少，一些专业能够开设本科全英文课程的教师更是奇缺，在与国外高校互派留学生项目的执行中，我们能够及时派出，却出现不能及时接受对方学校的留学生的尴尬局面。因此，建议教育厅从海南高校全局出发，抓紧制定海南省高校教师海外留学培养规划。

四、海南高等教育国际化未来展望

海南是中国改革开放的前沿，是全国唯一的省级改革开放特区，其地理位置处于"一带一路"重要节点上，发展前景广阔，高等教育国际化的后发优势明显。最近，习主席在亚洲博鳌论坛上的讲话，向全世界发出中国改革开放的最强音，指出"中国改革开放的大门只会越开越大"。习主席的《在庆祝海南建省办经济特区30周年大会上的讲话》（以下简称《讲话》）指出，

《中共中央国务院关于支持海南全面深化改革开放的指导意见》（以下简称《意见》）"赋予海南经济特区改革开放新的重大责任与使命"，同时指出"海南要利用建设自由贸易港的契机，加强同'一带一路'沿线国家和地区开展多层次、多领域的务实合作，建设21世纪海上丝绸之路的文化、教育、农业、旅游等交流平台"。前述，习主席的《讲话》和《意见》，为海南高等教育国际化发展指明了方向。

第一，要利用建设国际旅游岛和建设自由贸易港的契机，通盘考虑制订海南高等教育国际化的发展规划。

第二，用好用足习主席《讲话》中关于人才的论述，建设海南高等教育人才培养高地，全面提升海南高等教育的办学水平，打造海南留学教育品牌。

《讲话》指出，"鼓励国内知名高校和研究机构在海南设立分支机构，鼓励海南引进境外优质教育资源，举办高水平中外合作办学机构和项目，支持海南开展国际人才管理改革试点"，"允许在中国高等院校获得硕士及以上学位的优秀外国留学生在海南就业创业，扩大海南高校留学生规模"。这些优厚政策给海南高等学校坚持特色发展、走国际化发展之路开辟了广阔的发展空间。引进国内外高素质人才，狠抓师资队伍建设，建高水平人才培养高地，是下一步海南各高校有序推进高等教育国际化进程的必由之路。

第三，充分发挥华侨在海南高等教育国际化发展中的推介作用。

据统计，海外华人华侨总数已超过6000万，仅在"一带一路"沿线地区，特别是东南亚国家的华人华侨就多达4000万。海南是中国第三大侨乡，海南华侨主要聚居东南亚地区，海南高等教育国际化必须充分发挥华侨对海南高校美誉度的推介作用。因为华人华侨在中外交流中始终扮演着民间友好大使的角色，对促进中国与住在国的良好互动、促进国际社会与中国相互理解、促进中国国家软实力的提升等方面发挥着积极的作用。如今，东南亚华商经营的许多重要产业，如贸易、海运、金融、制造、零售、文化等，不仅在住在国保持领先地位，而且在国际上也获得了高度认可。比如，作为中国与印尼合作的重点领域，海洋经济对两国都意味着新的经济增长点，印尼华商除了继续在制造业领域与中国投资合作外，还在中国与印尼基础设施领域、海洋经济领域的投资合作中发挥了桥梁和纽带作用。在文化上，华人华侨是传播中华文化的重要力量。"一带一路"沿线国家国情复杂，文化多样，不同的宗教、民族、历史和文化并存，既展现了人类文化的多样性，同时也存在一些矛盾和冲突。华人华侨不仅熟悉中外文化，而且是侨居国的重要知识群体，在共建"一带一路"中，凭借这一优势，可以积极搭建人文交流网，推动彼此深入了解，友好共处。

上述，华人华侨在经贸、文化等各方的影响力对推进海南高等教育国际化定能发挥不可估量的作用。因此，各高校在推进本校国际化实践中一定要珍惜这股力量。

第四，尽快提高师资队伍国际化水平。

前述，海南省高校师资队伍国际化水平与内地相比差距很大，因此各高校要充分认识到高校师资队伍国际化的趋势和重要作用，不断更新补充国际师资，同时制订符合学校实际的"国际化师资培养计划"，通过有条不紊地选派中青年教师到国外高水平大学访学、开展合作研究和留学等方式，切实提高师资队伍的国际化水平，为新时代海南高等教育国际化大发展做好人才储备。

"一带一路"倡议实施与"商鲲教育"的使命愿景

方贻洲[①]

（北京商鲲教育控股集团，北京 100062）

摘要： "一带一路"倡议旨在推进有关国家各领域、多层次和全方位合作，交通基础设施建设是推进"一带一路"倡议实施的关键和基础性环节，以高铁乘务为代表的交通服务人才培养是其中的必要一环。北京商鲲教育控股集团作为中国高铁乘务人才培养领域的领航者，以自身的实力和经验为依托，秉持兴业报国的使命担当，致力为"一带一路"高铁乘务人才培养做出自己的贡献。

关键词： "一带一路"；商鲲教育；人才培养

"一带一路"是"丝绸之路经济带"和"21 世纪海上丝绸之路"的简称。"一带一路"旨在借用古代丝绸之路的历史符号，充分依靠中国与有关国家既有的双多边机制，借助既有的、行之有效的区域合作平台，高举和平发展的旗帜，积极发展与沿线国家建立伙伴关系并开展全面合作。2015 年 3 月 28 日，中国政府发布《推动共建丝绸之路经济带和 21 世纪海上丝绸之路的愿景与行动》，全面阐释"一带一路"倡议的愿景理念、目标任务、机制行动，明

[①]方贻洲，男，北京商鲲教育控股集团政策研究室主任，研究方向：教育学。

确"一带一路"建设的核心是"五通三同"——促进政策沟通、设施联通、贸易畅通、资金融通、民心相通，建立利益共同体、命运共同体和责任共同体。"一带一路"已经成为新时代国家对外宏观战略的基石之一。

一、"一带一路"倡议与铁路交通基础设施建设

《推动共建丝绸之路经济带和 21 世纪海上丝绸之路的愿景与行动》中强调基础设施建设在"一带一路"建设中的重要作用。互联互通，交通先行，"一带一路"建设主要集中在亚欧非大陆及附近海洋领域，要与沿线各国建立全方位、多层次、复合型的互联互通网络，在陆上交通运输网络中就要充分发挥铁路运输的特殊优势。铁路是一种载重量大、线路长、安全性高的交通方式，建立"一带一路"铁路运输线路，有利于加强沿线国家基础设施建设，畅通道路，缓解运输瓶颈，促进国际通关，实现国际运输便利化，对于实现"一带一路"倡议中的"道路（设施）联通"有着至关重要的作用。

高铁已经成为中国先进制造业的象征和代表国家形象的璀璨名片，中国高铁拥有世界最长的运营里程、最快的运行速度和最大的在建规模，而且具备关键技术、工程施工人成本控制和融资能力等方面的优势。高铁建设已经成为"一带一路"建设的重要载体，是国家"一带一路"倡议实施的重要着力点。

近年来，中国铁路积极"走出去"战略已取得丰硕成果。亚洲及泛亚铁路网规划和建设顺利开展，我国在东北亚、中亚、南亚及东南亚国家已部署多条铁路，如首次全系统、全要素、全生产链输出的印尼雅万高铁、莫斯科—喀山高铁、匈塞铁路、中泰铁路、中老铁路、马来西亚南部铁路、蒙内铁路、"中欧班列"等等。这些铁路项目的稳步推进，成为国际产能合作的重要抓手，也成为"一带一路"建设的重要篇章，有利于沿线国家提升基础设施的承载能力，有利于中国铁路装备、技术、标准、建设、运营"走出去"，带动相关产业共同发展，促进有关国家基础设施建设。

铁路建设，尤其是跨国铁路建设是一项庞大的系统性工程，除了勘察、设计、施工、装备制造等硬件设施外，还需要铁路运营、管理和车厢服务、后勤保障等方面专门人才和专业服务等配套软件建设。推动中国高铁走向世界，不仅需要大量新技术、新设备的应用和创新，更急需一大批具有国际视野并掌握新技术、新技能的应用型人才。从铁路建设的实践来看，中国铁路硬件基础设施建设"遍地开花"的同时，国有铁路公司、职业院校和专业机

构也在积极拓展高铁服务和管理、运营等方面的人才培训，为"一带一路"铁路交通基础设施建设起到了良好的推动和促进作用。

二、北京商鲲教育控股集团与高铁乘务人才培养

北京商鲲教育控股集团（简称"商鲲教育"）成立于 2006 年，经过 10 年的努力，现已发展成为具有国际重要影响力的大型教育集团。目前集团旗下拥有 17 个子公司，15 个独立公司，在北京拥有两所中专、一所大专，以及中学、小学、幼儿园各一所，共有 12 个校区。集团总部员工和北京校区教职工近 2000 人，加上驻外机构、连锁加盟学校、连锁加盟公司及兼职员工突破 5000 人。集团旗下北京商鲲教育高铁乘务员学校全国加盟校突破 100 所，联合办学区域加盟分公司突破 200 家，PPP 联合办学（托管）学校 32 所，校企合作联合办学学校突破 2000 所。时至今日，商鲲教育已经发展成为集校企合作、国内国际联合办学、自主办学、新 PPP 模式联合办学等形式为一体，职业教育和幼儿教育、基础教育、普通高等教育以及教育研究等多项业务并存的大型综合教育集团。

高铁乘务与管理人才培养是商鲲教育的传统和优势项目。北京商鲲教育控股集团旗下的北京商鲲教育高铁乘务员学校、北京商鲲学院，是随着中国高铁时代的到来应运而生的，是全国铁路局客运段乘务员、大型车站客运员用工的代表学校，专门从事高铁服务人员的学历教育、继续教育、短期培训，与全国众多职业学校开展订单培养、联合办学，共同开办高铁服务专业，是全国很多中、高职院校的北京培训、教学实训基地。

北京商鲲教育集团旗下高铁人才培养学校依托多年高铁招聘、培训的经验，借助高铁专家培训团队，在全国率先制定了一整套完整的覆盖中、高职和本科层次高铁服务人才的培养方案，自编了中专、大专、本科及五年制大专全套专业课教材和职业素质课教材，制定了铁路服务和高铁乘务专业教学标准，并被国家权威部门采纳上升为国家标准，填补了高铁服务人才培养标准的空白，是高铁服务人才教育的先行者以及行业标准的制定者，领航了中国"高铁乘务"人才培养的方向。

北京商鲲教育集团对高铁乘务专业学生全部实行订单培养，学生入学即就业，解决了学生的后顾之忧。为畅通人才出口，北京商鲲教育控股集团先后与全国 18 个铁路局、30 多个客运段建立了合作关系，每年向铁路系统输送铁路客运人才过万人，为中国铁路事业的腾飞提供了强有力的人才支撑，

为中国高铁事业的快速发展做出了不可忽视的贡献。

三、集团投身"一带一路"高铁人才培养的愿景使命与责任担当

作为一家秉持教育报国夙愿、具有强烈自身使命感的教育企业，商鲲教育始终注重将自身的发展方向与国家发展战略相结合。回顾商鲲教育过往发展之路，集团走过的每一步都与国家前进的步伐同步、与改革发展的节奏合拍，同时也享受到了国家经济改革和创新事业所带来的红利。可以说，没有国家经济建设和深化改革的大环境，就没有商鲲教育的今天；没有中国高铁事业蓬勃发展的成就，就没有商鲲教育今日的辉煌。商鲲教育将一如既往、不遗余力为国家和社会各项建设培养更多合格的实用技能型人才，服务于国家宏观发展战略，勇于承担与自身规模实力相适应的企业使命和社会责任。

围绕国家"一带一路"建设实施，商鲲教育高铁人才培养已不再囿于地域眼光和国内视角，而是将广阔视野投向国际化高铁人才培养，强力助推国家"一带一路"建设的实施。可以预见的是，随着国家"一带一路"倡议的深入推进，以及多条跨国和国际化铁路的建成并投入营运，势必将形成较大的拥有国际化服务意识和技能的高铁服务人才缺口。因此，商鲲教育集团以前瞻性的眼光开创性地提出了本科学历层次"国际高铁乘务"人才培养，并意志坚定、卓有成效地将这一构想化为现实。我们希望中国高铁驰骋于"一带一路"国家及国际化线路的同时，在高雅、舒适的车厢内也呈现出经过专业培训的乘务员的靓丽风采，甚至可以把中国高铁服务人才培养标准上升、推广为"一带一路"相关国家高铁服务人才培养的通行标准。

商鲲教育的宏伟愿景和目标实现需要国家和政府相关部门的大力支持，在"一带一路"建设和实践中将鼓励和促进民办教育发展的政策落到实处，在做好整体规划、顶层设计的同时，一视同仁、平等对待，鼎力相扶，助推发展。根据客观环境和变化现实需求配套和制定出与"一带一路"高铁服务人才培养相适应的扶持政策和措施，健全组织架构，完善管理体制，优化运行机制，为国际化高铁人才培养和标准的塑造普及扫除障碍、铺平道路。可以预见的是，在国家和政府相关部门的高度重视和大力支持下，商鲲教育兴业报国、为"一带一路"建设培养更多高素质人才的目标，一定能够在实践中结出更加丰硕的成果。

参考文献：

[1] 张赪.浅析"一带一路"战略下铁路院校面临的机遇与挑战 [J] .西部素质教育，2017（17）：112，124.

[2] 蒋斌，胡晗.浅析"一带一路"战略体系下高铁人才培养 [J] .人力资源开发，2015（18）：49-50.

[3] 胡邦曜，郭健."一带一路"建设背景下高铁技术人才培养探究 [J] .广西教育，2016（2）：76-77.

[4] 燕菲菲，陈永."一带一路"倡议下国际铁路培训思考与探索 [J] .高速铁路技术，2018（1）：90-94.

[5] 栾申洲."一带一路"背景下我国高铁"走出去"的机遇与挑战 [J] .郑州航空工业管理学院学报，2017（5）：31-38.

[6] 刘剑飞."一带一路"背景下轨道交通国际化技术技能人才培养路径探析 [J] .中国职业技术教育，2017（25）：88-90.

"一带一路"背景下广西少数民族传统体育的文化价值与传承路径研究

唐志云①

（桂林旅游学院基础部，广西桂林 541006）

摘要：运用文献资料、逻辑分析等方法，在分析广西少数民族传统体育文化发展现状的基础上，对广西少数民族传统体育的文化价值进行阐释，并提出了"一带一路"背景下广西少数民族传统体育文化传承的路径选择。研究认为，广西少数民族传统体育文化资源丰富，特色明显，且活动开展丰富，开始走向国际化，然而存在着发展缓慢、区域不平衡的弊端。广西少数民族传统体育具有增强民族文化自信、弘扬社会主义核心价值观、有助于和谐社会构建的文化价值。在"一带一路"背景下，广西少数民族传统体育应该积极整合资源，主动融入"一带一路"倡议构想，依托丝路现有文化品牌优势，精心打造新品牌，扩大宣传力度，加强项目的顶层设计。

关键词："一带一路"；广西少数民族；传统体育；文化价值；传承路径

"一带一路"是我党近年提出的最重要的战略构想，是我们努力实现伟大"中国梦"和积极推进"四个全面"战略布局的重要举措，而作为先行的"文

---

①唐志云，男，桂林旅游学院基础部讲师，研究方向：民族传统体育。

化",则成了重要的传承与发展对象。民族传统体育文化是我们民族传统文化的瑰宝,广西少数民族传统体育文化历史悠久、数量众多、类型多样、特色明显,只有将广西少数民族传统体育文化发展与传承置于"一带一路"的背景下,探讨其当代传承的路径选择,才能助其文化价值得以更好地实现,进而促进其蓬勃发展。

一、研究对象与方法

(一)研究对象

以广西境内的壮族、苗族、瑶族、彝族、水族等 11 个少数民族的传统体育项目为研究对象。

(二)研究方法

采用文献资料法、田野调查法、案例分析法、理论分析法、逻辑分析法等研究方法。

二、广西少数民族传统体育文化的发展现状

(一)广西少数民族传统体育文化资源存量丰富、特色突出

广西壮族自治区是以壮族为主体的少数民族自治区,也是全国少数民族人口最多的省(区),境内居住着壮族、瑶族、苗族、侗族、仫佬族、毛南族、回族、京族、彝族、水族、仡佬族等 11 个少数民族,每个少数民族都有着独特的民族传统体育项目,数量众多、类型多样,且独具特色。据有关研究者统计,"广西 11 个世居少数民族共有传统体育项目 478 项,其中以壮族最多达 194 项,其次是瑶族,有 87 项,以回族最少,仅有 4 项。"[1] 壮族的特色项目有壮拳、傩戏、投绣球、三人板鞋、抢花炮、道公舞、踩堂舞、舞龙、舞狮等;瑶族有瑶拳、撩球、跳铜铃、铜鼓舞、倒花竹、打长鼓等;苗族有打草球、打花棍、苗拳、斗马、独竹漂、踢杆舞、鸡毛球、赛龙舟等;侗族有耍春牛、芦笙踩堂舞、跳神、炮拳等;毛南族有同顶、围母棋、射棋、抛沙袋等;京族有跳竹竿、下水捉鸭等;彝族有跳弓舞、耍狮子、打磨秋、跳弓舞、摔跤、跨断墙、芦笙舞、狩猎舞等;水族有捞鱼乐、赛马、翻桌子、打飞鼠、飞马夺标、斗角舞、扭扁担……可见,广西少数民族传统体育项目数量之众多、分布之广泛,且类型多样,涉及生产、生活、音乐、舞蹈、娱乐、养生等多种类型,融生产、生活、娱乐、观赏、健身、养生、休闲等为

一体，具有浓郁的地域文化色彩和少数民族风情，辨识度高，特色明显。广西少数民族传统体育经过历代广西人民的继承与发扬，已经形成了数量众多、类型多样、内容丰富、功能齐全、风格独特的少数民族传统体育文化体系，是广西文化的最重要、最具特色的组成部分。

(二) 广西少数民族传统体育文化活动开展丰富，开始走向国际化

广西历来重视民族传统体育活动的开展，自1982年以来主办了多届广西少数民族传统体育运动会，所有竞赛和表演项目均出自广西各少数民族喜闻乐见的民间传统体育项目，这是广西少数民族传统体育的一次大盛会。第一届参与表演的项目就有39个，如打扁担、打铜鼓、跳芦笙、匏劲龙、牙力表演、三叉、苗棍、顶棍、推杠、投绣球、爬坡竿、打手毽、力抱重缸等项目。此外，自1987年第一次参加全国少数民族传统体育运动会以来，抢花炮和珍珠球作为广西民族体育运动的传统优势强项，在历届的全国少数民族运动会上屡创佳绩。另外，广西还开展了各种类型、各种级别的民族传统体育活动或赛事，影响日趋国际化。如2017年"壮族三月三·民族体育炫"系列活动，共开展了156个以民族体育为主题的活动，有赛事360余项，比赛项目设竞赛项目和表演项目2类，其中竞赛项目有花炮、珍珠球、陀螺、高脚竞速、板鞋竞速等5个，表演项目则分为竞技类、技巧类、综合类等3种，充分展示了广西独特的民族传统体育文化风情。到2016年6月，广西南宁国际龙舟邀请赛已经举办了十二届，吸引了东南亚、非洲、美洲、大洋洲诸国如菲律宾、越南、老挝、美国、澳大利亚等国的龙舟队参赛。广西百色田阳有着"舞狮之乡"的美称，由当地群众组成的田阳舞狮队，因为"难""精""险""美"的舞狮表演享誉国内外，在全国各地举行巡演多达8000多场，还应邀到中国香港元朗、德国波恩、法国巴黎等地表演，广受好评。2008年广西南宁举办了中国—东盟国际藤球邀请赛，促进了广西与东盟诸国的民族传统体育交流的深入。不过，这只是广西少数民族传统体育文化传播国家化的开始，有待进一步扩大区内外及国际影响力。

(三) 广西少数民族传统体育文化发展缓慢，区域发展不均衡

广西文化的魅力在于其独特的民族传统文化，这其中，广西的少数民族传统体育文化可谓源远流长、内涵深厚、风格独特、精彩纷呈，已经成为广西文化形象、广西旅游形象的重要标志。虽然近年来广西致力于民族传统文化的开发与保护，目前也取得了一定的成果，然而相对于广西丰富的少数民族传统体育项目存量来说，只有少数代表性项目、代表性地区发展较好，从

总体上来看，仍然存在发展缓慢、区域发展不均衡的弊端。以申遗为例，壮族铜鼓舞、壮族铜鼓习俗、壮族歌圩、壮族蚂拐节、苗族系列坡会、瑶族铜鼓舞邕剧、瑶族盘王节、瑶族长鼓舞、田林宾阳炮龙节等14项传统体育文化入选国家级非物质文化遗产。然而，广西还有400多项的传统体育项目仍然具有较高的非物质文化遗产文化价值，有待深入整理开发。长期以来，广西经济落后，这是制约广西区内少数民族传统体育发展的最根本原因。同时，从国家层面来看，国家对文化建设的投入一直侧重在发达地区，广西文化建设发展资金严重不足。广西长期注重经济建设，致力于发展民生，忽略了民族传统体育文化的建设，现有民族传统体育项目发展有限。同时，广西区内经济发展不平衡，像河池、百色等少数民族聚居地区的经济长期相对落后于其他地区，然而这些地区的少数民族传统项目所占的比例却是居于前列的，"在广西的地级市中，以河池拥有的少数民族传统体育文化项目最多，达71项，占总数的14.85%；其次是桂林，有66项，占总数的13.8%；再次是百色，有59项，占12.34%；其他，如南宁有47项；柳州有46项。"[1]这是导致广西少数民族传统体育区域发展不平衡的重要原因之一。此外，还有一个重要原因就是深受西部地域少数民族传统文化的影响，观念陈旧，思想落后，以至于广西许多少数民族传统体育特色项目一直待在"深闺"未被人识。

三、广西少数民族传统体育的文化价值

（一）增强民族文化自信

文化自信是一个民族对本民族文化精神与价值的深切认同与积极践行。2016年习近平总书记在哲学社会科学工作座谈会上的讲话中指出："我们说要坚定中国特色社会主义道路自信、理论自信、制度自信，说到底是要坚定文化自信。文化自信是更基本、更深沉、更持久的力量。"黑格尔说："在一个民族的发展中，最高点便是他对于自己的生活和状况已经获有一个思想——他已经将他的法律、正义、道德归合为科学，因为在这种（客观与主观的）统一里，含有精神自身所能达到的最深切的统一。"[2]中华民族传统体育文化博大精深，是我们最深厚的软实力，唯有对此抱有自信，方能坚定自己走适合自己国情、特色化发展的道路。

"民族传统体育文化往往是一个或者多个民族发展演进中继承、积淀下来的优秀遗产，是历史长期的发展过程中自然和人类选择的共同结果，是民族

文化的精髓部分。"[3] 对民族传统体育文化的弘扬有助于增强我们的民族文化自信。广西少数民族传统体育反映着广西各族人民的生产与生活方式，是广西各少数民族长期以来形成并共同遵守的一种生活文化习性，是广西文化的重要组成部分。如广西壮族的青蛙舞，起源于壮族人民的奉蛙图腾，多用于祭祀活动，目的是祈求来年的五谷丰登和风调雨顺。抢花炮则是流行在广西侗族、壮族、仫佬族等民族的一种民族传统体育项目，有"东方橄榄球"的美誉，抢花炮，抢的就是美好生活的祝福，谁抢到花炮，谁就会获得头彩，会得到天神的祈福，来年生活一定风调雨顺、人丁兴旺。每一项民族传统体育项目都凝结了广西各族人民智慧的结晶，蕴含着丰富的民族文化内涵，对民族传统体育文化的传承就是对民族传统体育文化精神和价值的认同，是对民族文化自信的一种表现。在实现中华民族伟大复兴"中国梦"的道理上，我们应该深入中华民族传统文化内部，挖掘那些被我们淡忘、遗忘许久的民族传统体育文化精神，增强我们中华民族自己的文化自信。

（二）有利于弘扬社会主义核心价值观

广西少数民族传统体育是广西各族人民思想智慧与情感价值的结晶。"只有与时俱进，将民族传统体育文化中优秀的理念、功能与时代需求、时代价值紧密相连并有机结合，才能使其文化价值得以实现。"[4] 反之，广西少数民族传统体育也有利于弘扬当代社会主义的核心价值观。

党的十八大提出，倡导富强、民主、文明、和谐，倡导自由、平等、公正、法治，倡导爱国、敬业、诚信、友善，积极培育和践行社会主义核心价值观。社会主义核心价值观是社会主义核心价值体系的高度凝练和集中表达，蕴含着我国社会主义现代化国家的建设目标、对美好社会的生动表述以及公民基本道德规范的阐释。社会主义核心价值观是我党在传承民族传统优秀文化价值的基础上，结合现代社会主义实践提出的优秀价值理念。广西少数民族传统体育文化是社会主义核心价值观传承与弘扬的重要载体，在推进社会主义核心价值观建设的道路上发挥了不可替代的作用。首先，广西少数民族传统体育与社会主义核心价值观相契合，在传承内容上具有一致性。社会主义核心价值观和民族传统体育价值理念都是民族传统文化优秀价值理念的体现，譬如在传统文化"以人为本"的核心价值理念上，社会主义核心价值观中的"自由、平等、公正、法治"等观念都是"以人为本"的体现，而民族传统体育崇尚个人的健康、快乐发展也正是"以人为本"的体现。其次，民族传统体育有着最广泛的群众基础，是社会主义核心价值观最广泛、最简易、最有效的传承载体。广大人民群众在参与传统体育项目的时候，对民族传统体育文化追求公正公平、平等自由、爱国守家、以德服人、友爱互助、和谐共生等价值观念的认同和接受的同时，也在一定程度上领略到了社会主义核心价值观的精髓。最后，民族传统体育多在民族地区开展，因此有助于民族地区对社会主义核心价值观的认同和接受，对促进民族地区社会主义事业的建设和发展有重要的作用。

（三）有助于和谐社会的构建

"和谐社会"是人类共同追求的一种理想社会，中华民族自古以来就是一个"尚和"的民族，"以和为贵"理念传承了几千年并浸透在民族文化的精髓中。和谐社会以"和谐为美"为根本宗旨，本质是"以和为贵"精神的体现。少数民族传统体育在构建和谐社会的进程中，也发挥着不可替代的作用。

民族传统体育深深地扎根于民族文化的土壤当中，以"和谐"为共同追求的境界，传递出吉祥、喜庆、和气、愉悦、热烈的气氛。以抢花炮为例，在民间，这项活动开展不分队伍、不限场地、不限人数，只要放炮后，所有的竞争者争先恐后去抢花炮，整个过程气氛非常欢庆、热烈。舞狮是广西民间的一项传统体育表演项目，该项运动已经发展成为一项非常隆重、喜庆的仪式活动，逢年过节或开业庆典，必请舞狮队增加喜庆、和气的氛围。和谐社会强调的是人与人、人与自然、人与社会的和谐，民族传统体育项目在促进以上三个方面的和谐中发挥着不可替代的作用。首先，广西少数民族传统体育项目有着趣味性强、技术要求不高的特点，男女老幼皆可参加，民族传统体育活动的开展，不仅能够达到强身健体的作用，也能促进人与人之间的交流，缓解压力、释放焦虑，有助于身心健康，还能充分发挥人类自身的聪明才智和勇气力量，展现客观、积极、自信、向上的朝气与活力，促进自身潜能的释放和创造，从而促进人性、人体、人格的健全与完善，最终实现人与人的和谐发展。其次，广西少数民族传统体育项目如芦笙踩堂、划龙舟、打陀螺、投绣球等，皆来源于生活，取法于自然，有助于人们充分认识自然的魅力，从而更懂得尊重自然和保护自然，实现人与自然之间的和谐。最后，广西少数民族传统体育项目作为一种不受语言和文化制约的运动符号，不存在交流的障碍，是促进广西不同民族之间交流的最好的工具，民族传统体育活动的开展有助于增进民族之间的交流与合作，提高了各民族间的文化认同感和向心力，促进民族之间的团结与和谐发展。

四、"一带一路"背景下广西少数民族传统体育文化传承的路径选择

（一）整合广西少数民族传统体育文化资源，主动融入"一带一路"构想

我国"一带一路"的文化发展构想，旨在促进"一带一路"沿线国家优秀民族传统文化的交流传播与合作繁荣，我们国家作为"一带一路"倡议的倡导国，更要起带头和表率的作用，充分挖掘自身优秀的民族传统文化资源，传播中国文化的"好声音"。广西作为"一带一路"的重要参与者，具有特殊的地缘地位，它位于中国西部，与广东、湖南、贵州、云南接邻，与海南隔海相望，此外还与越南接壤，而随着中国—东盟博览会落户广西，广西成为中国进入中南半岛和东南亚进入中国的门户，与东盟国家合作密切，正在成为国际上具有很高知名度的区域。民族传统体育作为民族民间开展的大众体育活动，有着广泛的大众基础，且入门低，学习快，具有较大的观赏性和娱乐性，很容易在"一带一路"沿线国家开展。因此，广西应充分利用其得天独厚的区位优势，积极整合本民族传统体育文化资源，主动地融入"一带一路"的文化构想，促进本民族传统体育文化的发展，推动本民族传统体育文化在"一带一路"沿线国家和地区传播和扎根。在国家"一带一路"总体政策的指导下，广西要制定本民族传统体育文化传播规划，积极向沿线国家传播和推介本民族传统体育文化，充分发挥广西文化桥头堡作用，调动各方的积极性，活化市场，深入挖掘和整合广西少数民族传统体育文化资源，推进政府间或民间各式各样的民族传统体育文化交流。为此，要充分发挥专家学者和智库的作用，展开对广西少数民族传统体育文化资源的田野调研，对广西少数民族传统体育文化资源的价值进行评估，并提出广西民族传统体育文化资源整合的路径和方法，设计将广西民族传统体育文化传承主动融入"一带一路"构想的具体方案和措施。

（二）依托丝绸之路现有文化品牌优势，精心打造民族传统体育文化新品牌

长期以来，丝绸之路的沿线国家，早已开展各式各样的民族传统文化交流合作项目，成果显著。譬如"丝绸之路文化之旅"活动、"丝绸之路艺术节"，不过广西民族传统体育文化很多时候只是在其中穿插陪衬，并未真正起到主角的作用。首先，我们应该要充分依托丝绸之路现有文化品牌优势，借力宣传广西少数民族传统体育文化。譬如，可借助开展其他文化品牌活动的

同时，举办广西少数民族传统体育文化论坛、开办广西少数民族传统体育文化展览专场，或举办广西少数民族传统体育专项演出活动；还可以围绕"广西少数民族传统体育文化"的主题，联合译介出版各类相关的书籍、音像等制品，拓宽宣传的手段。此外，要充分利用当今社会影响最为深远与广泛的网络新媒体，以音乐、动漫、影视等大众喜闻乐见的形式开拓广西民族传统体育文化的专项产品。其次，将"一带一路"沿线国家认同感较高的项目优先发展，精心打造民族传统体育文化新品牌。"一带一路"沿线部分国家甚至与中国有着共同或相近的族群，在生活习惯、文化语言、体育艺术等方面有着相似之处，因此在民族传统体育文化上保持着高度的认同感，从而使广西与"一带一路"沿线国家的民族传统体育资源能够和谐整合与共同发展，譬如舞龙舞狮和赛龙舟，在"一带一路"沿线国家就有着广泛的群众基础，比较容易开展，为各国人民构建了广阔的交流平台。广西承办的中国—东盟国际龙舟邀请赛，至 2016 年 6 月，已经举行了十二届，有中国广西及缅甸、印尼、泰国等国家和地区的多支龙舟队参加了比赛，已经成为东盟重要的民族传统体育交流文化品牌，在东南亚、欧美等地区具有一定影响力，广西其他民族传统体育项目可以借鉴赛龙舟的发展模式，精心打造民族传统体育文化新品牌。

（三）扩大对广西少数民族传统体育的宣传力度，加强项目的顶层设计

要进一步传承与弘扬广西少数民族传统体育文化，就必须要解放思想，打开思路，扩大宣传力度。要充分利用条件在国内外大力宣传广西少数民族传统体育文化，突出其特色与优势，增强广西少数民族传统体育文化的吸引力。可以利用广西的各种节日开展多种形式的民族传统体育活动，或者是在旅游景区开展民族传统体育旅游活动，也可以邀请"一带一路"沿线国家来参与我们的少数民族传统体育邀请赛，在比赛中增进交流与合作，还可以走出国门，到"一带一路"沿线国家开展民族传统体育文化交流活动，等等，从而让广西少数民族传统体育文化在"一带一路"沿线国家的人民心中"生根发芽"。此外，民族传统体育来源于民间、发展在民间，其一直以来无法与竞技体育项目抗衡的一个重要的原因就是缺乏顶层设计，为此要推动政府之间民族传统体育文化的交流与合作。除了在"一带一路"沿线国家的官方文化交流平台加强民族传统体育文化交流以外，还要充分利用各种权威的机构与平台，如充分利用与上合组织、东盟、阿拉伯国家联盟等多个组织成员方建立起来的人文合作委员会、文化联委会机制开展高层次的民族传统体育文

化交流项目，增强现有机制框架下的民族传统体育文化合作力度，增加"一带一路"沿线国家政府间文化合作协定和年度执行计划中关于民族传统体育文化传承与交流的合作内容。

正如有学者所指出的："目前我国的传统体育文化在一定程度上呈现出弱化与衰颓之势，面临层层危机，举步维艰。" [5] "一带一路"的发展战略给我国文化繁荣带来了前所未有的历史发展机遇，广西少数民族传统体育要充分抓住这个历史的发展契机，充分认识到广西少数民族传统体育的文化价值，积极探索广西少数民族传统体育文化传承的新路径，促进广西少数民族传统体育文化在当代社会的繁荣与发展。

参考文献：

[1] 朱岚涛，陈炜.广西少数民族传统体育文化资源调查研究 [J] .广西民族研究，2012(3)：146–153.

[2] 黑格尔.历史哲学 [M] .王造时，译，上海:三联书店出版社，1956.

[3] 宋证远.从文化学视角谈民族传统体育文化的发展 [J] .成都体育学院学报，2012(5)：60–61,68.

[4] 高旭，柴娇，孟宇.社会主义核心价值观视角下民族传统体育文化的传承与发展 [J] .中国学校体育（高等教育），2015(1)：25–30.

[5] 张继生，吴天佑，王顺，谭旭利.中国民族传统体育文化传承的反思与现代超越 [J] .成都体育学院学报，2009(5)：14–16.

广西高校到东盟国家实施境外办学的政策与路径浅析

肖利庆①

（桂林旅游学院，广西桂林 541006）

摘要： 随着"一带一路"倡议的实施，广西高校面临"走出去"到境外办学的重要历史使命。从国家政策的角度看，广西高校到境外办学的政策条件渐趋成熟。根据相关部门的要求，广西高校需要统筹规划，认真分析自身优势，充分发挥区位优势，准确定位开设专业和办学层次，稳步推进境外办学实验，最终实现两个"转变"：一是从非学历教育向学历教育转变；二是从合作办学向独立办学转变。

关键词： 境外办学；"一带一路"；东盟；广西高校

境外办学，指一个国家（或地区）境内的机构或个人，在本国（或地区）境外独立或与境外机构或个人合作，以具有独立法人资格的教育实体，举办的以境外公民为教育对象的教育活动，是一个国家或地区参与国际事务的重要方式。2014 年初，广西壮族自治区教育厅将"扩大教育国际交流与合作……探索支持我区有实力的高校走出去办学"列入 2014 年工作要点。[1]自此，"走出去"，到境外办学，成为广西高校面临的重要使命。

---

①肖利庆，男，桂林旅游学院党办校办秘书，讲师，研究方向：中国—东盟旅游与教育发展。

一、广西高校境外办学的政策条件渐趋成熟

自 20 世纪 80 年代末开始，南京中医药大学等部分高校在引进国外优质教育资源的同时，积极探索在境外与相关机构合作办学，迈出了我国教育机构境外合作办学的第一步。2003 年，全国共有 20 多所大学和机构到境外办学，办学区域大多分布在新加坡、马来西亚、日本等国家。[2]但是，由于相关政策法规比较缺乏等诸多原因，导致当时的高校境外办学规模小、数量少、办学层次不高、办学资金缺乏。[3]然而，经过 10 余年的探索，我国高校境外办学的政策条件已经日趋成熟。截至 2016 年 3 月，我国高校境外办学机构已达 5 个，办学项目数量已达 98 个，分布在 14 个国家和地区；我国已有 35 所高校赴境外开展办学活动。[4]截至 2017 年 12 月 31 日，全球 146 个国家（地区）建立 525 所孔子学院和 1113 个孔子课堂。[5]

从国家层面来看，我国的境外办学政策走过了一个由空白期到渐趋成熟的过程：2002 年初，教育部把"以加入世贸组织为契机，进一步扩大教育国际交流与合作……积极稳妥地推动有条件的学校赴境外办学"列入《教育部 2002 年工作要点》；[6]2002 年 7 月召开的全国外事工作会议提出，"要积极实施'走出去'的战略，进一步探索境外办学的有效途径"；2002 年 12 月 31 日，教育部令第 15 号公布了《高等学校境外办学暂行管理办法》，对高校境外办学方式和审批办法做出了详细规定，我国高校境外办学有了法律依据。2010 年公布并开始实施的《国家中长期教育改革和发展规划纲要（2010—2020 年)》中强调指出，要扩大教育开放，"推动我国高水平教育机构海外办学，加强教育国际交流，广泛开展国际合作和教育服务"。2016 年 4 月，中共中央办公厅、国务院办公厅印发了《关于做好新时期教育对外开放工作的若干意见》，强调教育对外开放是我国改革开放事业的重要组成部分，统筹国内国际两个大局，提升教育对外开放质量和水平。自此，国家对于高校境外办学的政策日趋成熟。

从地方层面来讲，在国家政策的驱动下，各省（市、自治区）正在逐步探索、鼓励、支持有条件的高校实施境外办学。2002 年初，江苏省教育厅就出台相关政策，鼓励省内有条件的高校到国外去办学，包括开设分校或者开设办学点。[7]2005 年 6 月 14 日，《中共江苏省委、江苏省人民政府关于加快建设教育强省率先基本实现教育现代化的决定》制定了"扩大教育对外交流

……建立一批对外交流的国内培训基地、国外办学基地和教师培训基地"
"开拓国际教育服务市场，面向世界推介江苏教育品牌"等重大举措。[8] 在
《国家中长期教育改革和发展规划纲要（2010—2020 年)》出台之后，各省
（市、自治区）在自己制定的地方中长期教育改革和发展规划纲要中同时规
定，推动有条件的高校实施境外办学。2011 年开始实施的《广西壮族自治区
中长期教育改革和发展规划纲要（2010—2020 年)》指出，"鼓励有条件的
学校利用国际国内两个市场、两种资源，面向国际市场建设具有较高水平的
国际化人才培养基地。鼓励学生赴海外学习、实习。鼓励有条件的高校、职
业院校、中小学校积极开发海外教育市场，开展境外办学"。2014 年初，广
西壮族自治区教育厅进一步将"探索支持我区有实力的高校走出去办学"列
入 2014 年工作要点。

在国家和地方政策的鼓励之下，各地高校积极探索实现境外办学的新方
式。高校境外办学项目迅速增长。特别值得一提的是，近几年来，地处西部
不发达省份的云南省高校也加快了"走出去"的步伐，在东盟国家实施境外
办学。比如，昆明理工大学在泰国设立汉语文化学院、在老挝开展硕士生培
养项目，大理学院在柬埔寨开展了中文专业学历教育项目，作为 2003 年新升
本科院校的红河学院也在越南开展多个本科专业的境外办学项目。这对广西
高校实施境外办学战略，具有重要的启示意义。

二、统筹规划，稳步推进境外办学实验

为贯彻落实《国家中长期教育改革和发展规划纲要（2010—2020 年)》，
建设教育强区，广西教育厅在"2014 年工作要点"中明确提出，要"扩大教
育国际交流与合作……探索支持我区有实力的高校走出去办学"。目前来看，
广西已经有广西大学、广西师范大学、广西民族大学等 3 所高校分别在泰国、
老挝、印尼、越南等 4 个国家建立了 8 个孔子学院。2017 年 12 月 12 日，桂
林旅游学院在印度尼西亚特里沙克蒂旅游学院设立了中印尼旅游商学院、中
印尼旅游研究院，标志着广西高校海外校区办学工作迈出了崭新的一步。然
而，总体来看，广西的情况远远落后于相邻的云南省。如何加快实施境外办
学项目，对广西的高校是一项挑战。积极应对这种挑战，服务国家"一带一
路"倡议，推动中国与东盟国家的教育交流与文化互鉴，统筹规划，稳步推
进境外办学实验，是广西高校面临的重要历史使命。

（一）稳步推进境外办学实验，需要分析自身优势，发挥区位优势

其一，实施境外办学战略，分析自身优势，要评估办学成本，重视办学效益，切忌盲目上马。"扩大教育国际交流与合作……探索支持我区有实力的高校走出去办学"，这就意味着，境外办学不是对所有高校的要求，而只是对具有一定办学规模、教育质量较高、具有一定的办学特色、办学资金具有充分保障的"有实力的高校"的要求。比如，广西大学、广西师范大学、广西民族大学。这三所高校与境外高校合作建立了孔子学院，他们初步积累起来了一定的境外办学经验，有能力扩大现有成果。广西中医药大学作为集教学、科研、医疗和药品生产于一体的特色高校，拥有中医药方面的专业办学特色，再加上拥有面向港台地区开设"传统中医班"的办学经验，易于开拓境外办学的局面。当然，如果认为单独学校不足以应对境外办学风险，还可以尝试通过高校之间的联合或者组建教育集团，共同开展境外办学。总之，"打铁还需自身硬"，实施境外办学战略，一定要考虑到多种不确定性因素，稳步推进。各高校绝不能为了扩大影响力，盲目上马。否则，只能是"赔了夫人又折兵"。

其二，实施境外办学战略，要发挥好区位优势。统计显示，东盟已成为中国境外办学最集中的地区，双边跨境教育合作项目多，留学人员交流频繁。目前我国在东盟国家已有 3 个境外办学机构，30 个境外办学项目。截至 2015 年，中国到东盟国家留学人数达 12 万，而东盟国家来华留学人数已达 7.2 万人。[9]近几年来，地处西部不发达省份的云南省高校积极实施"走出去"的办学战略，在东盟国家大力推进境外办学并在这方面积累了丰富的经验。在实施境外办学战略方面，广西高校应该向云南的高校借鉴和学习。相对于云南，广西对东盟国家的区位优势更加明显。广西位于华南地区西部，南濒北部湾、面向东南亚，西南与越南毗邻，是中国—东盟博览会的举办地。广西拥有中国—东盟商务会展人才培训中心、中国—东盟艺术人才培训中心、中国—东盟农业培训中心等 9 个国家级教育培训基地。[10]在过去的 10 年里，广西与东盟的文化交流与合作发展迅速。广西是目前我国招收东盟留学生最多的省区之一，广西高校要利用自身的区位优势，除办好面向东盟国家的留学生教育和行业培训外，也要进一步拓展教育发展空间，在坚持自主办学的同时，适时地制定"走出去"的发展战略，创新教育开放合作体制，到东盟国家开展境外办学。

（二）稳步推进境外办学实验，需要准确定位开设专业和办学层次

从政治层面来看，到境外办学，是贯彻落实习近平总书记关于"加强同世界各国的教育交流，扩大教育对外开放，积极支持发展中国家教育事业发展"的重要指示精神的一项重大举措。东盟各国除新加坡外，都是经济欠发达国家。只有做好教育调研，分析相关国家的国情，找准东盟各国急需专业和学历层次，才能对症下药，为这些国家培养急需的人才，促进该国经济发展，从而提高我国在东盟国家的影响力。目前，这些国家急需的是应用型的职业技术教育。广西高校在东盟国家开展境外办学，可以首先从当地经济发展急需的应用型职业技术教育着手。

从经济层面来看，到境外办学，也是开展教育服务贸易的重要举措。只有做好前期调研，为东盟各国经济、社会、教育发展"把脉"，找准东盟各国急需专业和学历层次，才能妥善解决境外招生问题，从而实现经济效益。厦门大学马来西亚分校 2015 年招收外籍学生，实施本科和研究生教育，优先开设中医学、汉语言文字、电子信息工程等专业，可能也是基于这种考虑。当然，开展教育服务贸易、实现经济效益要从长远考虑，妥善处理好短期利益与长期利益、局部利益与整体利益之间的关系。

在专业设置方面，根据东盟各国发展需要开展境外办学，应该允许一部分优势专业率先走出去。从我国高校境外办学专业设置的现状来看，主要是以中文、中医等传统专业为主。比如，根据北京教育科学研究课题组 2002 年对北京 7 所在境外有办学项目的普通高校的调查，这些高校在境外开办的专业主要有中文、中医、法律、历史等。[3]云南的几所高校在境外也都开设了中文专业。江苏省高校境外办学也是以汉语言文化、中医药等中国传统学科和专业领域为主。[11] 这些专业既是这些高校的优势专业和优势学科，也是境外尤其是东盟国家经济社会发展急需的专业。这就为这些高校的境外办学顺利打开了局面。这个经验，广西高校在尝试境外办学的初期必须借鉴。但是，境外办学局面的展开需要越来越多的专业参与进来。为适应新的教育形势，江苏高校境外办学的专业近年来开始调整，新增了经济、管理、法律、金融、工程、计算机等职业导向较强的学科和专业领域。[11]江苏高校这种允许一部分传统优势专业率先走出去，然后再打开办学局面的做法，为其他省份尤其是广西高校境外办学提供了值得借鉴的宝贵经验。

（三）稳步推进境外办学实验，需要统筹规划，实现两个"转变"

稳步推进境外办学实验，把境外办学做大做强，需要统筹规划，实现两

个"转变"：一是从非学历教育向学历教育转变，二是从合作办学向独立办学转变。

1. 从非学历教育向学历教育转变

根据北京教育科学研究课题组 2002 年对北京 7 所在境外有办学项目的普通高校的调查，这些高校的境外办学以非学历教育为主。[3]纵观广西高校留学生教育现状，多数高校也是以非学历教育为主。目前，广西拥有中国—东盟商务会展人才培训中心、中国—东盟艺术人才培训中心、东盟国家汉语人才培训中心等 9 个国家级教育培训基地。这些机构开展的对外教育，同样是以非学历教育为主。因此，广西高校境外办学，同样应该从非学历教育起步：首先在东盟国家建立非学历教育的培训中心，然后逐步做大做强，逐渐扩大办学规模，由非学历教育向学历教育转变，由培训中心发展成为独立学院乃至分校。

2. 从合作办学向独立办学转变

同省外高校相比，广西高校在办学规模、办学实力方面都不占优势，而且普遍缺乏境外办学经验。因此，广西高校"走出去"，到境外办学，必须最大限度地规避办学风险。而与境外高校或其他教育机构合作，有利于充分利用境外力量开展各种活动，降低办学风险，提高教育服务的效益。云南红河学院正是这样逐步开拓海外教育市场的。红河学院 2003 年新升本，2005 年与越南合作，在越南老街省和太原省分别成立"汉语中心"，2007 年，与越南太原农林大学和荣市大学建立了越南语专业"1+3"联合项目。这些合作项目的开展和深化都为红河学院在越南的合作办学奠定了非常扎实的基础。在这个基础上，2009 年，红河学院与越南太原大学合作，在其校区筹建红河学院分校。2011 年 9 月，红河学院分校开始招生。[12]按照这种发展速度，几年之后，如果条件成熟，红河学院一定会开启独立办学的新篇章。

广西教育厅将"扩大教育国际交流与合作……探索支持我区有实力的高校走出去办学"列入 2014 年工作要点，正式拉开了广西高校境外办学的序幕。"走出去"，到境外办学，成为广西高校面临的重要使命。然而，显而易见的是，到境外办学，除了需要高校自身统筹规划、稳步推进境外办学实验外，也需要政府相关部门在政策上给予更多支持。这需要更多的政府部门参与进来，共同推动广西高等教育的国际交流与合作。

参考文献：

[1] 《关于印发〈中共广西壮族自治区高等学校工作委员会广西壮族自治区教育厅 2014 年工作要点〉的通知》（桂党高工〔2014〕1 号）.

[2] 陈初升，衣长军.华侨大学实施境外办学分析 [J] .福建高教研究，2005（1）:19.

[3] 孙勇.走出去，到境外办学——专家称，北京普通高校境外办学质量有待提高 [N] .科技日报，2002-07-31.

[4] 境外办学："走出去"还要"走得稳" [N] .光明日报，2016-11-29（14）.

[5] 孔子学院总部/国家汉办，关于孔子学院/课堂 [EB/OL] . [2018-4-6] .http://www.hanban.edu.cn/confuciousinstitutes/node_10961.htm.

[6] 马思援，张嵩.教育部 2002 年工作要点 [N] .中国教育报，2002-1-8（3）.

[7] 江苏教育瞄准国际化，高校有条件可境外办学 [N] .光明日报，2002-2-21.

[8] 中共江苏省委、江苏省人民政府关于加快建设教育强省率先基本实现教育现代化的决定 [N] .成才导报（教育周刊），2005-07-06（3）.

[9] 中国—东盟教育周：通过首个教育领域 5 年行动计划 [EB/OL] .（2016-08-07）[2018-4-6] .http://www.ddcpc.cn/2016/jr_0807/78451.html.

[10] 广西与东盟留学生交流人数双向过万成东盟留学生热门省区 [EB/OL] .（2016-09-22）[2018-4-6] .http://www.chinanews.com/sh/2016/09-22/8011646.shtml.

[11] 施蕴玉.高校境外办学：江苏的现状、形势与对策 [J] .扬州大学学报（高教研究版），2013（6）:8.

[12] 李燕，孟令国.新建本科院校境外办学探析——以红河学院为例 [J] .大理学院学报，2012（8）:94.

海口经济学院与东盟国际教育合作路径探讨

勾四清①

（海口经济学院财务会计学院，海南海口 571127）

摘要：基于应用型本科转型发展的需要，文章对海口经济学院与东盟国家高校教育合作的现状进行了分析，提出了应该基于海上丝绸之路的定位与东盟高校开展合作，具体在人才培养、科学研究和服务社会三大功能角度展开合作。

关键词：东盟教育合作定位与路径；人才培养；科学研究；服务社会

按照国家对地方本科高校应用型转型提出的要求，处于转型期的地方本科高校除了对接所在地产业链，服务所在区域的经济、社会发展需要，还应该与国外高校开展合作交流，融入国家"一带一路"建设，引进来、走出去，走国际产业对接之路。基于此，海口经济学院提出"加强国际交流合作，推进合作办学项目，完善中外合作机制""积极拓展与国外高校、科研院所和跨国企业的交流与合作，启动相关合作交流项目，提高地方应用型大学国际合作与开放办学水平"的发展战略，并设计了相关的路径。一是"有重点地引进境外高水平专家、优质教育资源和优秀智力成果"，二是"开展教师互派

---

①勾四清，男，海口经济学院财务会计学院副教授，研究方向：产业链及产业集群、高校战略。

（互访）、学生互换，探索中外合作交流平台，提供更多更好的出国留学渠道与服务。创设条件开展国外留学生学历及非学历教育"，三是"加大开放办学力度，丰富开放办学内涵，积极与国内外知名高校合作，寻求引进欧美名牌大学，实施中外院校合作办学项目，在海南设立非独立法人的中外合作办学机构"，四是"学校将依托国际合作教育项目，加强国际化课程建设。鼓励有条件的学院与专业加大双语课程建设力度，试点引进原版教材，积极利用国外开放共享课程资源，稳步推进国际化课程与教学改革"。在此框架下，先后与泰国、新加坡、马来西亚等东盟国家的高校建立了合作关系。

在这些具体安排中，基本都是围绕师资交流、留学生引入和派出设计，涉及留学生教育合作、教师互访、合作办班等业务领域，基本还是属于教学范畴。而高校的另外两项功能——科学研究和社会服务却未涉及。本文将探讨与东盟各国高校合作的基点、领域、路径，提出应该增加科学研究和社会服务两个领域国际合作的观点。

一、与东盟教育合作存在的问题

（一）合作战略趋同

中国与东盟十国交往密切的省区是广西壮族自治区和云南省，海南省与东盟的交往更多的是泛南海范畴。与东盟的合作应该注入环南海合作理念。但现实的合作战略，无论是合作国家还是合作领域及合作的策略，都与广西、云南等高校的合作战略趋同。

（二）合作领域及业务类型单一

海口经济学院与东盟的现阶段合作及未来计划中，设定了合作的业务领域以教学、人才培养为主，即互派留学生、互派教师等。而高校的另两个功能——科学研究和服务社会——却未纳入合作领域之内。

海南本土高校的国际教育合作也包括三个方面：一是互派留学生、委托培养，二是教师访学交流，三是学生实习和就业外派。而科研合作和服务社会等方面的合作比较少。

基于差异化的合作需要，海口经济学院的国际教育合作除了继续加强人才培养的国际合作工作，还应该积极探索科研和服务社会的国际合作，为民办高校应用型转型、国际合作新领域创新探路。

二、与东盟国际教育合作定位与领域设计

(一)国际教育合作的定位设计

海口经济学院位于我国唯一热带海岛，经南海与越南、泰国（经泰国湾与南海）、新加坡、马来西亚、印度尼西亚、文莱、菲律宾等东盟国家毗邻，与另三个东盟国家柬埔寨、老挝和缅甸虽未有领土领海邻接，但是东盟十国都在"一带一路"沿线，老挝和缅甸在丝绸之路经济带沿线，其余八国都在海上丝绸之路上。因此，海口经济学院与东盟的国际教育合作，其角色定位应该基于海上丝绸之路考虑，发挥海南的海上丝绸之路建构的枢纽地位，以丝路枢纽的定位与东盟展开合作，将与其合作纳入 21 世纪海上丝绸之路建设范畴。这样就与广西、云南等省区高校的东盟合作实现了差异化定位。

(二)合作产业领域设计

1. 产业合作领域设计

海南和东盟主导产业领域基本相同，海南省重点发展的"12+1 产业"也是东盟各国的主导产业，并且与海口经济学院重点发展的学科和专业方向一致。因此，与东盟各国高校的教育合作所涉及的产业领域应该包含但不限于海洋旅游、海洋文化、海洋渔业、热带特色农业、海洋体育、智慧海洋等。

2. 业务合作领域设计

高校有三大功能——人才培养、科学研究和服务社会。人才培养功能是通过培养出的人才参与经济社会发展事务而体现高校的功能，是一种间接的体现；科学研究尤其是应用型科研，是将区域经济社会发展的问题作为研究对象，通过取得的成果解决实际问题，是一种半直接的参与和体现；服务社会，是高校将自己的成果、人力资源等直接应用于经济社会发展业务，通过直接参与经济建设和社会发展实际业务，体现高校功能。

因此，应该将服务社会和科学研究作为国际教育合作的主领域和主业务，直接服务海南和对方的经济社会发展，当然人才培养的国际合作也不能放弃。

三、与东盟国际教育合作业务建议

(一)与东盟高校的科学研究合作

应用型本科高校的科研工作比较而言，基础都比较薄弱，所以地方本科高校一般都将科研定位于应用课题的研究，如新技术推广、产业实际业务问题的解决等，并且都与所在区域的产业发展紧密联系。应用研究，有几个方面的要素，一是研究课题方向，二是研究团队力量，三是研究依托资源。高

校科研国际合作也是在这几个方面展开的。

1. 合作研究方向及资源的选择

在海上丝绸之路建构框架下，和东盟十国展开合作。基于海上丝绸之路倡议，结合海南十二大重点产业和海洋经济战略，及学校的优势学科和专业及历史积淀，建议在南海（北部湾、泰国湾等）文化与体育、南海（北部湾）渔业、南海热带农业、智慧南海、南海（海上丝路）旅游业等方面展开研究合作。

鉴于海口经济学院所在的海南省的十二大重点产业及所在的海口市的经济发展与产业方向，建议以海南省及海口市的文化、体育、渔业、热带特色农业、智慧海洋、海上丝路旅游业等方面的具体研究课题为基础，引入有业务往来的东盟十国大学的研究资源，共同研究，为海南产业发展提供智力支撑。另一个方面，以海口经济学院现有的研究资源、利用已有的研究储备，进入东盟十国尤其是南海丝路七国，与东道国的大学开展合作，对其相关产业发展进行联合研究。

2. 研究团队合作

海口经济学院在旅游、文化、经济、互联网、体育等方面均有研究机构，而马来西亚拉曼大学的金融、人力资源管理、人工智能与网络、艺术设计，泰国曼谷吞武里大学文化（佛学）、旅游、体育产业，泰国正大管理学院的企业大学与企业文化，均设置有专门的研究机构。因此，建议海口经济学院和这些学校的同学科方向的研究机构开展合作。

初期合作方式可以采用联合课题研究、互设互挂研究机构牌等，待有了一定基础后，可以合作设立研究机构、成立研究联合体。

在与以上大学合作基础上，可将合作范围拓展至其他东盟国家，在每个国家选一所大学开展科研合作。

（二）与东盟高校的社会服务合作

大学的服务社会功能，依托于人才培养和科学研究，通过培养的人才服务于社会经济发展，通过科研成果助力社会经济发展和文化传承创新。

21世纪海上丝绸之路倡议，就是通过海上丝绸之路的发展，以创建人类命运共同体为目标，促进人类共同发展和进步。海口经济学院也应该秉承这一理念，利用自身的科研资源，为海南和东盟各国提供成果服务，促进其产业发展，推动其文化的传承和创新。

可以联合东盟各国大学的研究机构，共同将研究成果推广，实现成果产业化。具体路径包括但不限于东道国企业课题研究、研究成果入股企业、共同设立合资合作企业等。

四、结束语

海口经济学院与东盟的教育合作已经起步，人才培养的合作已经进入实质运作阶段。科学研究、服务社会两个功能的合作应该尽快制订合作战略和实施方案，实现"三条腿"的全方位合作，以共同驱动海口经济学院的应用型转型，助力"应用型、创业型、国际化、区域化"培养目标之大成。

与东盟的国际教育合作，应该是基于海上丝绸之路建构框架下的合作。与东盟十国教育合作取得成果后，应该实施"西延工程"，即沿着 21 世纪海上丝绸之路，过马六甲海峡，进入印度洋、波斯湾和红海海湾，携手东盟十国的合作大学，与沿线尤其是东非诸国高校开展教育合作，在应用型人才培养、科学研究和服务社会三大方面服务东道国产业发展。

参考文献：

[1] 戴福祥.我国高等教育国际合作教育模式创新研究 [D] .武汉：武汉理工大学，2011.

[2] 王海林，张倩.高校国际教育合作治理研究：基于财会专业需求视角 [J] .财会通讯，2015（34）：51-54.

[3] 廖海鹰.云南省高职院校国际教育合作存在的问题 [J] .中国校外教育，2013（8）：173.

"一带一路"构想下国际高等教育合作交流探讨

刘一男①

(海口经济学院财务会计学院，海南海口 571127)

摘要：21 世纪是一个经济国际化发展无边界的时代，高等教育国际化发展所带来的驱动力和创造力是新型经济学理论推动、加速经济发展的关键因素。"一带一路"的全球经济化发展要求并带动了高等教育国际化发展。"一带一路"是中国经济和世界经济高度衔接和高度融合的具体表现。高等教育国际化交流是"一带一路"国家发展规划与经济一体化、全球化对接的基础。

关键词：高等教育国际化；"一带一路"；信息化接收能力；教育边际生产力

一、"一带一路"倡议的全球化

经过 15 年的努力，2001 年 12 月 11 日中国正式成为 WTO 成员，这是中国正式加入世界贸易经济发展的一个重要的阶段。WTO 的前身是关税及贸易总协定（GATT），是第二次世界大战结束后，美国政府为了解决世界经济衰

---

①刘一男，男，海口经济学院财务会计学院讲师，研究方向：世界经济学。

退和贸易保护主义盛行而组织进行的全球性贸易协议谈判。关贸总协定的谈判成功是美国历届总统提升美国世界经济发展影响力和推动国际贸易自由化的重要标志和举措。GATT 谈判过程中，发展中国家先后加入，在对外贸易政策方面各国产生了很多分歧，在很多政策条约方面发展中国家的利益并没有得到充分的保护。1995 年 1 月 1 日世界贸易组织（WTO）正式开始运作。世界贸易组织的基本原则是通过推动世界贸易自由化，实施成员方市场开放、无歧视和公平贸易；其目的是减少世界贸易交换成本，实现世界贸易自由化。世界贸易组织与关贸总协定的根本区别在于：前者是一个具有实体的国际贸易组织，而后者仅是全球性的关税贸易减免协定。同样，美国在世贸组织具有绝对的权威性，是世贸组织加入谈判的关键因素。世界贸易组织（WTO）、世界银行（WB）和国际货币基金组织（IMF）并称为世界经济发展的三大支柱。加入世界贸易组织只是中国改革开放向世界迈出的关键性的第一步。在美国次贷危机爆发、世界经济复苏缓慢的背景下，当今世界正在发生深刻而复杂的变化，贸易保护主义的抬头和各国所面临的贫富差距问题依然严峻。世界贸易组织所倡导的经济全球化、贸易一体化的发展趋势正面临着双边变化和多极化的挑战。而"一带一路"倡议正是顺应了世界贸易格局的变化趋势，致力于促进"一带一路"沿线国家共同发展，实现共同繁荣、互利共赢理念，打造全方位的务实合作的命运共同体。

二、经济全球化与高等教育国际化交流

2013 年 9 月 7 日国家主席习近平首先提出了"一带一路"倡议，最初是为了寻求实现亚太经济共同体的成员在经济、贸易、文化教育等方面的协同发展。而后逐渐成为全球经济问题治理的新的思路和方案。"一带一路"由提出到区域经济发展合作政策的建立，最终走向拥有亚洲基础设施投资银行（AIIB）、金砖国家新开发银行（NDB）及丝路基金（SRF）等三大实体性世界经济发展机构。其根本原则与核心理念是针对各国发展的不平衡问题进行国际化双边合作与全球治理。

（一）经济全球化与技术全球化

国际教育发展的目的，一方面是推动世界各高校学术理论的研究能力和科学技术创造能力，另一方面是提高全社会的信息化接收能力。从 20 世纪 50 年代开始，以计算机为信息技术主体的信息化时代进入人类社会；阿尔

文·托夫勒在 1980 年出版的《第三次浪潮》中把人类社会发展划分为农业文明、工业文明和信息社会，人类向信息时代的迈入意味着信息与技术的传播是经济社会发展的主体。信息资源的优势引发了经济贸易的发展优势，成为社会发展的主要动力。对信息资源的获取是国与国技术交流发展的主要途径，信息化交流的主要目的是解决国家间技术发展不平衡难题。经济全球化的核心是各国的比较优势资源和绝对优势资源通过商品、信息、技术、资金和服务等跨区域性的全球转移流动。这个过程中，在市场、文化、教育与技术等方面全球性的共性特征越来越多，差异性和交换成本越来越少。各国各地区的经济要素相互影响、相互融合，逐渐演化形成全球统一市场。就像苹果手机和 iPad 并不是在美国本土生产制造，经济全球化使得经济资源和生产要素可以进行最有效的优化配置。

（二）技术区域差异与教育国际化交流

2017 年 2 月中国首次将国际交流合作确定为高校第五项职能。[①]高等教育国际化交流提升了全社会的信息化接收能力，而信息化交流接收功能是解决经济就业压力的有效方法。西方经济学发展理论认为，一个国家的产出最大化主要取决于有形资本的数量和拥有熟练工人的数量。而经济发展所需要的足够熟练工人的数量取决于他们的受教育水平；在社会经济发展过程中，随着竞争程度的加剧，受过高等教育的工人的生产能力超过了受低等教育的工人并且替代他们参加社会实践生产。理查德·R.纳尔逊（Richard R. Nelson）和艾德蒙·S.菲尔普斯（Edmund S. Phelps）（1965）所提出的教育的边际生产力[②]等于人力、物力、财力和政府政策之和加上社会经济技术发展，国际教育交流的决定因素取决于一个国家的技术水平的发展。高等教育是经济发展的驱动力。这就好比未接受过高等教育的农业工人对掌握新技术、新农业设备、新改良的农作物种子接受能力差，培训难度大，所造成的社会资源浪费程度高；而接受过高等教育的农业工人则反之。当然，这其中也存在着前者周边接受过高等教育并成功采用新技术设备和新改良种子获得丰收的好友

---

①中共中央、国务院于 2017 年 2 月在《关于加强和改进新形势下高校思想政治工作的意见》中提出："高校肩负着人才培养、科学研究、社会服务、文化传承创新、国际交流合作的重要使命。"这是 2011 年将文化传承创新确定为高校第四项职能后，中国首次将国际交流合作确定为高校第五项职能。摘自中国社会科学网，http://ex.cssn.cn/zx/201710/t20171022_3675943.shtml，2018 年 3 月 13 日。

②Richard R. Nelson and Edmund S. Phelps. Investment in humans, technological diffusion and economic growth [J]. Studies in Macroeconomic Theory. 1980, 56（1/2）: 133–139.

所产生的间接影响力。高等教育国际化交流实际上也是科学技术水平较高的发达国家向技术发展水平相对较低的发展中国家传播知识技术的一个过程；而这一过程的完善程度的好坏决定着国与国经济发展的速度。

高等教育水平的不平衡造成了国家间的技术区域差异，并且加速了这一过程。欧洲的农产品出口一直占欧洲经济增长的重要地位，这是由于欧盟一直对农业及农产品进行长期的补贴和区域保护政策；这一政策直到 2013 年才发生了比较明显的变化。而美国的农业技术之所以发达则在于美国的农业工人接受高等教育情况较好，高等教育水平的提升加速了科学技术的传播同时也提高了一国的经济增长。我本人倡导农业技术的现代化和农业设备的现代化，而这两个现代化的基础是高等教育水平的提高。同理，全球高等教育的国际化交流，尤其是人口密集度相对较高的发展中国家，其社会经济的服务能力在于国际高等教育合作交流搭建了先进技术传播的渠道和平台。

三、世界各国创新型人才培养和竞争例举

经济全球化推动了高等教育国际化，高等教育国际化又进一步解决了达到充分就业的经济发展根本问题。"一带一路"倡议是贸易自由化的具体表现形式；伴随贸易自由化的发展，全球生产要素资源得到了优化配置。这其中，包括了前面谈到的信息技术资源的传播。"一带一路"背景下的高等教育国际化要求国际化的人才资源多边互补和国际教育经验的全方位交流。比如作为世界经济强国的美国，其国际高等教育发展经验一直被世界各国所效仿。

（一）美国

美国的高等教育国际化发展着眼于世界并服务于本国，以国际化水平的高等教育作为经济快速发展的驱动力。美国的高等教育发展早已进入产业化发展模式，将资源、资本、高端人才和科学技术生产力完美整合。在很好地满足本土市场需求的基础上，将教育资源以产业化服务的方式对其他国家进行输出。高等教育基础设施、学术师资、科学技术专业化人才在高度遵循市场机制的条件下，在全球教育资源市场进行自由、开放流动和优化组合。美国历届政府及其研究生培养学院通过提供优惠的互换交流项目和极具吸引力的优厚的奖学金政策，有效地将高等级留学人才转变为提升国家科学研究水平和社会经济发展的引擎。为了达到高等教育国际化发展的战略目标，2017

年美国政府制定了百万美国学生出国留学的双向交流国际化教育政策。这也是近一个世纪以来，美国政府一直致力于通过高等教育国际化战略巩固美国的区域经济发展需求及与他国的政治经贸关系。高等教育国际化间接地确立了美国在世界经济发展中的核心地位。

（二）德国

第二次世界大战后，美国为了对世界经济衰退进行全面复苏，计划并实施了马歇尔计划（The Marshall Plan），也被称为欧洲复兴计划（European Recovery Program）。美国对西欧各国进行的大规模经济援助使得欧洲国家的经济发展和世界格局发生了深刻变化。在马歇尔计划的推动下，西方国家的经济发展逐步得到了恢复，并带动了一些国家的高等教育发展。而后，美国密歇根大学的"为全世界服务"及华盛顿大学的"国际理解和交流"对德国乃至欧盟其他成员国的高等教育国际化产生了深远影响。至2010年，德国完成了学位制度改革，引进了欧洲学分转移系统（ECTS），实现了高等教育学分双向互认。这一系统的引入有效地提高了欧盟成员国与德国留学人员的学习交流。至2005年，德国政府花费了8年时间，投入了4000万欧元用于本国国际化课程建设；同时，也大力开展与海外高校进行合作办学。德国政府不但从政策、资金、技术方面给予高等教育国际化交流合作以支持，为了其高等教育国际化良好发展，还对传统的学位制度及引进的学分系统进行了立法，确立其合法地位，并对现有的相关法律政策《联邦德国高等学校总法》和《高等教育结构法》进行了细致入微的调整，从而为有效地开展高等教育国际化交流与合作打下坚实基础。

（三）英国

英国作为老牌的资本主义发达国家、欧盟曾经的三驾马车之一，其高等教育国际化发展水平举世公认。英国历届政府及教育相关部门向来高度重视高等教育国际化制度建设。一方面，与德国一样，英国政府积极实施欧盟教育市场开放性政策，引进高等教育学分互认体系；另一方面，持续鼓励英国境外投资办学和境内国际教育产业发展。英国的高等国际教育产业发展早已成为英国文化宣传和经济发展的重要支柱之一。英国每年接受的中国留学生人数仅次于美国；英国高等教育欧洲联合会、英国大学联合会、英国文化委员会、英国高等教育国际联合会及包括英国皇家学会在内的五大高等教育机构成为英国高等国际化教育发展推广的有效实体，例如：英国文化委员会鼓励英国学者到他国任教。英国政府和相关教育机构在积极拓展留学生教育产

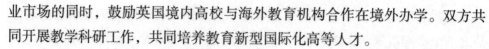

业市场的同时，鼓励英国境内高校与海外教育机构合作在境外办学。双方共同开展教学科研工作，共同培养教育新型国际化高等人才。

（四）中国

21 世纪是一个经济国际化发展无边界的时代，高等教育国际化发展所带来的驱动力和创造力是新型经济学理论推动、加速经济发展的关键因素。"一带一路"的全球化经济发展要求并带动了高等教育国际化发展。发展中国家全社会高等教育比重低、水平相对落后是世界经济发展不平衡的主要问题；世界经济一体化间接促进了高等教育国际化产业的持续性发展。世界贸易组织的服务贸易总协定推动了中国的高等教育向国际化、产业化发展。高等教育国际化产业发展是继第一、第二产业后最具战略性的国家发展目标。中国高等教育市场国际化、产业化、多元化与"一带一路"建设紧密衔接，应努力打造双边及多边的区域化高等教育合作关系，构建高等教育国际化资质认证体系。

为此，2016 年 6 月中国加入《华盛顿协议》正式成为其第 18 个成员，实现了工程教育质量国际化标准。中国的高等教育在保证传统民族思想教育的基础上不断地、积极地借鉴欧洲和北美的先进教育国际化发展经验，一方面提升了本国高等教育的国际化水平，另一方面，也提高了中国高等教育国际竞争能力。中国高等教育国际化面向世界并服务于国家及区域的经济现代化发展，无论是公立高校还是民办大学，在办学理念、科研体制、课程设计体系等方面都向西方一流大学进行了靠拢。中国大学在高等教育国际化进程中，既注重学术研究、科学技术专业化发展，又注重培养"一带一路"构想下具有国际流动服务能力的高素质人才。中国政府及教育相关部门持续对高等教育国际化进行投资，鼓励国际标准学分互认政策及学生、学者到海外进行国际学习、深造、互动交流。中国与东盟达成共识，到 2020 年双边互派留学生达到近十万人规模；并在促进全面均衡经济发展的前提下，共创"16+1 合作平台"，增强南北高等教育领域的国际化合作。

四、各国培养高等人才趋势化发展

在现代社会，全球化经济发展模式已将各国高等教育国际化发展带入到全新的国家经济发展和社会技术进步的战略地位。高等教育国际化发展已经逐渐摆脱了强势文化传播和民族文化侵蚀的特点；各国政策及教育相关部门在考虑本国国情的基础上，积极地推动促进高等教育国际化交流给本国教育服务产业和经济发展所带来的功能性动力。在高等教育国际化实践过程中，政府扮演了更重要的积极角色，努力开放地方留学政策，加强国家对高等教育国际化建设的支持和维护。这可以从多样化和协作化两个角度进行高度的概括和理解。

（一）多样化

相比较西方发达国家，包括中国在内的很多发展中国家的文化历史细腻而悠久。在高等教育国际化发展进程中，对经济技术先进国家的高教思想简单囫囵地照搬是不可行的。本土化、民族化、国际化的高等教育思想发展及传播在很多时候影响了国家间高等教育交流与发展。在实践中，高等教育国际化发展的创新性逐步解决了三者之间的替代矛盾。发展中国家落后的高等教育体制、教学模式、专业学科课程设计不能成为拒绝经济发达国家和先进文化的理由；而高等教育国际化过程也不能取消各国民族教育文化特色。去除本土化、建立多样化的国际化教育交流模式既是相辅相成又是对立统一的。"一带一路"的全球化经济发展是二者完美对接的合理解决方案和创新型发展道路。双边及多边经贸教育文化合作交流替代了单边背景下绝对化方向高等教育思想传播的矛盾。在经济一体化的全球发展构架下，增强了欠发达国家的高等教育产业的国际竞争力和经济社会发展的驱动力。国家间无论经济规模的大小、贸易实力的强弱，在高等教育多样化国际交流合作的基础上，各国培养适应本国市场发展需求的高端人才，为区域经济再平衡提供了有力的人力资本保证。这也是包括中国政府在内所有加入高等院校国际化教育的各国政府的首要任务。

（二）协作化

"一带一路"致力于打造全球大陆陆路相通及周边海洋重要港口互联互通，从而最终构建全方位、协作型的经济贸易、教育文化交流多层次发展网络。其经济发展目标不仅仅是中国本土，而是实现"一带一路"沿线各国多元化、协作化、国际化可持续发展。"一带一路"的倡议理念既发掘了中国广阔物质资源的内在市场潜力；同时，在高等教育国际化领域方面，促进了区域内各国高等教育产业的投资和消费。一方面，有效解决了区域经济发展不平衡的差异化问题；另一方面，增进了"一带一路"沿线各国人民的物质文化交流，直接或间接地创造了地方市场需求和产业就业。这是中国经济和世界经济高度衔接和高度融合的具体表现。根据"一带一路"官方机构统计，中东欧国家平均经济发展水平较高，沿线国家总体发展处于中等水平，南亚国家经济发展水平普遍滞后。这也是目前在"一带一路"全球化经济发展框架下，通过高等教育国际化交流合作解决南北信息化发展水平不平衡问题的根本性原因所在。通过政策沟通、基础设施联通、双边贸易畅通、建设资金融通和区域民心相通，携手更多发展中国家共同推进世界经济发展。高等教育国际化合作使得各国最终拥有全球共同利益，让世界大学高等教育的现代化服务于全球经济一体化发展。这也是世界贸易组织称赞中国的"一带一路"全球化经济发展为世界贸易自由化做出了实际的贡献。各国间的政府职能对高等教育国际化的帮助，是高等教育协同性、制度性、规范性和国际流动性的有力保障，也是建立国际高等教育公平竞争环境的基础。

五、高等教育服务产业化发展

在"一带一路"国际化视野下，各国高校都在追求多样化的卓越教育合作模式发展。高等教育国际化产业发展间接地体现了一个国家的综合国力。发达国家与发展中国家在境外投资、消费、办学的比重存在着根本性的差异。这主要取决于对高等教育服务产业的对外输出能力和对内引进能力。对外输出能力主要指各国大学是否有能力携手他国培养适合国际化流动的高级专业化人才；是否有能力投资、派遣培养具有创新能力的学者、师资到海外继续深造。对内引入能力主要指各国政府是否在高等教育国际化交流合作中扮演更重要的角色；是否在积极构建区域间合作办学机制中起到更关键的作用，为全面提升大学的知识创新力和国际教育竞争力打造优越的制度和政策环境。在"一带一路"全球经济发展构想下，高等教育的国际化合作趋势逐步走向高等教育服务贸易产业化。

高等教育是否可以像商品一样进行自由贸易出口，世界贸易组织的《服务贸易总协定》（GATS）给出了正确的回答。GATS正式将高等教育国际化产业纳入了服务贸易的范畴；并且，确定了高等教育国际化贸易服务的性质。世界贸易组织的《服务贸易总协定》以教育经济学的概念重新定位了高等教育国际化服务产业。从世界经济全球化角度来看，高等教育服务贸易发达国家可以利用教育产业出口创造更多的经济财富和价值。而"一带一路"全球化经济发展所倡导的高等教育国际化合作交流理念，是将建设国际教育产业合作作为解决地区高等教育水平不均衡所导致的国家间的经济技术发展差异问题的有效方案。这一思想符合前文所谈到"一带一路"的主旨是打造人类命运共同体、利用陆路和海上经贸发展的互联互通把区域间的高等教育国际化合作交流作为推动经济发展的边际生产力。高等教育的边际生产力旨在全方位、全社会的高等教育水平的提高，以此来解决经济发展中的先进技术普及问题，降低经济产出成本并提高沿线国家的充分就业率。

当然，"一带一路"建构的框架发展需要成员间的协作和互补；高等教育国际化合作所带来的经济效益需要时间的积累，并非一蹴而就。像很多国家所关心的那样，世贸组织框架下的 GATS 未对高等教育服务贸易公有和私有机构的具体作用做出任何强制性的规定。政府的公共服务领域应该被排除在该协议框架外。成员方政府要在鼓励和支持高等教育国际化合作基础上，为其维护和营造更具公平竞争的环境。高等教育服务贸易产业要求在无条件、公平对等、自由开放的条件下进行双边高等教育国际化合作交流。这就要求去除高等教育服务贸易壁垒，建立和完善高质量的国际化标准专业课程和教材；认定并建立统一的可执行标准。这其中涉及了国家的经济发展强弱和多边贸易谈判话语权问题。

六、 结语

"一带一路"建构框架下，高等教育国际化发展是高等教育社会服务能力的具体表现。从高等教育国际化合作到高等教育服务贸易产业化，各国在高等教育国际化中的比较优势及自然禀赋决定了高等教育国际化是世界经济发展的驱动力和加速器。世界贸易组织所倡导的经济全球化、贸易一体化的发展趋势正面临着双边变化和多极化的挑战。而"一带一路"倡议正是顺应世界贸易格局的变化趋势，致力于利用陆路和海上经贸发展的互联互通把区域间的高等教育国际化合作交流作为推动经济发展的边际生产力；并以此来解决经济发展中的先进技术普及问题，降低经济产出成本并提高沿线国家的充分就业率。高等教育国际化交流实际上也是科学技术水平较高的发达国家向技术发展水平相对较低的发展中国家传播知识技术的一个过程，而这一过程的完善程度的好坏决定着国与国经济发展的速度。国家间无论经济规模的大小、贸易实力的强弱，在高等教育多样化国际交流合作的基础上，各国培养适应本国市场发展需求的高端人才，为区域经济再平衡提供了有力的人力资本保证。"一带一路"建设的经济发展目标不仅仅是中国本土，而是实现

"一带一路"沿线各国多元化、协作化、国际化可持续发展。"一带一路"的理念既发掘了中国广阔物质资源的内在市场潜力，同时，在高等教育国际化领域方面又促进了区域内各国高等教育产业的投资和消费。一方面有效解决了区域经济发展不平衡的差异化问题，另一方面又增进了"一带一路"沿线各国人民的物质文化交流，直接或间接地创造了地方市场需求和产业就业。这是中国经济和世界经济高度衔接和高度融合的具体表现。高等教育国际化交流是"一带一路"国家发展规划与经济一体化、全球化对接的基础。

参考文献：

[1]傅旭东,吴茂琼.教育国际化与教育贸易平衡[J].重庆大学学报,2003(9):121-125.

[2]刘海峰.高等教育的国际化与本土化[J].中国高等教育,2001(2):22-29.

[3]李凝.高等教育：国际化与本土化[J].科技日报,2006(7):1-4.

[4]Ludger Woessmann. Education policies to make globalization more inclusive[M].WTO Publications,2011:297-316.

[5]Marc Bacchetta,Cornelius Gregg,Stela Rubinova and Bolormaa Tumurchudur Klok.Investing In Skills ForInclusive Trade.[M].WTO Publications,2017:3-162.

[6]史兰新,陈永平.国内外研究生培养方式的比较及探讨[J].东南大学学报(哲学社会科学版),2010(2):117-122.

[7]Richard R. Nelson and Edmund S. Phelps.Investment in humans,technological diffusion and economic growth[J].Studies in Macroeconomic Theory.1980,56(1/2):133-139.

[8]王刚,崔一梅,陈建成.新形势下我国硕士研究生培养模式探讨[J].科技与管理,2008(4):112-115.

[9]朱宏清陈鸣曦.美国高校的研究生培养模式[J].China Academic Journal Electronic Publishing House,2009(3):143-146.

[10]曾志伟,张桂华.国外研究生培养模式的比较分析及借鉴[J].太原师范学院学报(社会科学版),2006(1):138-140.

"一带一路"视角下我国职业教育
输出路径探索

钟小东①

（海口经济学院旅游与民航管理学院，海南海口　571127）

摘要： "一带一路"倡议为我国职业教育输出提供了契机，我国当前职业教育发展规模为职业教育输出奠定了基础，劳动力短缺为职业教育输出提供了劳工输入的可能性。面向"一带一路"沿线国家实施职业教育输出可通过建立国际职业教育需求调研机制，制定职业教育标准、规范化管理，整合职业院校资源、以项目包式管理职业教育输出，做好职业教育输出监测等实现。

关键词： "一带一路"；职业教育；教育输出；国际化

职业教育是指对受教育者实施可从事某种职业或生产劳动所必需的职业知识、技能和职业道德的教育，包括职业学校教育和职业培训。在经济全球化的背景下，各国互联互通，交流与合作日益频繁，特别是在文化教育领域的交流合作对促进发展中国家的文化教育事业起到一定的积极引领作用。但文化层面的交流一般都会受到各国政治、民族、价值观等因素的影响，容易

---

①钟小东，男，海口经济学院旅游与民航管理学院副教授，研究方向：旅游规划、乡村旅游、教育管理。

产生观念的碰撞与冲突，而职业教育的交流主要是技术知识层面的活动，几乎不涉及上述冲突，因此更具国际化的优势。

我国职业教育近年来在国家的大力扶持下，办学经费及体制机制均得以保障，通过学习引进德、美、澳等国职业教育上的成熟理念、合作办学、"引进来送出去"培养师资，现今我国已形成全球规模最大的职业教育市场，涌现出一批国际化程度较高的职业院校，办学水平较高、教学资源充足，除满足自身需求外，具备一定的教育输出能力。

一、"一带一路"视角下我国职业教育输出的可行性

受学术及技术水平所限，多年来我国职业教育乃至高等教育一直注重向西方发达国家学习，通过选派教师出国培训、访学、学术交流，国际交换生计划，留学生在国外攻读学位，合作办学等形式提升我方教育教学水平。在国际合作上一直以"输入"为主，但教育输出极少。受人口出生率影响，国内生源数量呈下降趋势；受国内人们传统观念的影响，对职业院校的认可度并不高，因此职业院校的生源所受影响更大。职业院校未来如何生存与发展，必须要做好战略规划，避免陷入萎缩的境地。

（一）"一带一路"倡议为我国职业教育输出提供了契机

我国与"一带一路"沿线国家政治经济联系向来密切，这些国家大多为发展中国家和转型经济体，经济发展后发优势强劲。根据亚洲开发银行的研究报告显示，2010—2020 年，亚洲各国用于基础设施建设方面的投入总计约为 8 万亿美元，其中 68% 为新建项目，32% 为更新维护项目，涉及能源、交通、水务、卫生等诸多领域。"一带一路"经济区开放后，承包工程项目突破 3000 个。2015 年，我国国企业共对"一带一路"相关的 49 个国家（地区）进行了直接投资，投资额同比增长 18.2%。2015 年，我国承接"一带一路"相关国家（地区）服务外包合同金额 178.3 亿美元，执行金额 121.5 亿美元，同比分别增长 42.6% 和 23.45%。工程项目的上马和实施，会对铁路、管道、电力、公路、港口与通信等产业的工程建设、设计施工、质量控制与保障、经济管理等专业技术人才产生巨大的需求。

从经济成本角度出发，对外工程所需人力一般由我方派出管理人员和高级技术人员，基层技术和建设人员在当地招聘。无论是哪一类人员，必须符合项目实施的人才标准方可录用。受当地教育水平及工程项目的特殊性所限，

选聘合适的本土人才有一定难度，项目组一般通过劳务派遣形式从国内招聘劳工，大大增加了劳动力成本和管理难度。我国国内当前正处于劳动力短缺状态，国内劳工的招聘难度也越来越大。我国企业在"一带一路"沿线国家的投资活动主要是设立企业和项目，涉及投资所在国的当地法律、制度、产业政策、技术标准、商品质量标准等一系列问题，还会涉及企业的用工制度、技术技能人才的培养培训等问题。

"一带一路"倡议的落地需要特定的人才支撑，我国职业院校应抓住这一契机，开展职业教育输出，通过多种形式为"一带一路"沿线国家培养合格的"一带一路"建设者。

（二）我国职业教育发展规模为职业教育输出奠定了基础

我国先后实施了科教兴国、人才强国战略，重视人才培养，把人才作为推进事业发展的关键因素，职业教育市场迎来发展的契机。根据 2015 年全国人大常委会审议的全国人大常委会执法检查组关于检查职业教育法实施情况报告，我国已建成世界上规模最大的职业教育体系，职业院校 13300 多所、在校生 3000 万人、年毕业生近 1000 万人、累计培训各类从业人员 2 亿多人次。职业教育服务社会的能力越来越强，部分职业院校已形成一定的品牌效应，人才培养水平高、办学效益好。但随着我国生源数量整体上的逐年萎缩，职业教育生源受影响更大，已有的职业教育呈现供给过剩趋向。在当前国内生源数量已无潜力可挖的情况下，我国职业教育需要找到一个出口，将已经相对完备的职业教育理念、管理、师资等教育教学能力对外输出。

职业教育对外输出也符合我国教育发展战略规划。2011 年，《教育部关于推进高等职业教育改革创新引领职业教育科学发展的若干意见》就指出，高等职业学校要服务国家"走出去"战略，满足企业发展需要和高技能劳务输出需要。2016 年 7 月，教育部在印发的《推进共建"一带一路"教育行动》中就呼吁加快推进本国教育资历框架开发，建立区域性职业教育资历框架，构建"一带一路"教育共同体。这为我国职业教育输出提供了制度的保障。

（三）我国劳动力短缺为职业教育输出提供了劳工输入的可能性

近年来，中国生育率长期保持在 1.4—1.5 的水平，远低于其他发展中国家。我国劳动力人口自从 2012 年出现拐点后，总量持续下降。据国家统计局数据显示，2014 年，我国 16—59 周岁的劳动年龄人口 9.16 亿人，比上年末减少 371 万人，并且是第三年连续下降。不仅是劳动力人口绝对数持续下降，

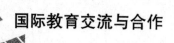

劳动人口内部也呈老龄化趋势。

我国劳动力短缺现象已经十分严峻。每年新成长劳动力中高校毕业生将近一半，农民工群体中新生代已占主体，他们希望有更多的中高端就业岗位。但从企业需求情况看，我国目前仍处于工业化中期和产业链的中低端，市场中增加的岗位大部分是制造业、服务业一线员工及技术技能型人才。这些新成长的劳动力的求职意愿、能力素质与市场需求存在错位，因此劳动力短缺情况在制造业、服务业中体现得尤为明显。每年春节后的招工旺季，制造业相对集中的珠三角、长三角地区均出现企业到火车站、汽车站"抢人"现象，采取24小时不间断招聘、随招随开工、对节后返工的员工给予补助、对带新人进厂的员工给予奖励等方式，但仍收效甚微，有企业因为员工短缺导致无法开工或停掉部分生产线。

短缺的劳动力如何补充？即使在开放二胎政策下人口出生率可能会出现回升，但劳动力人口数量的补充尚需时日。在国内劳动力供给困难的情况下，引进外籍劳工是一条较为快捷的途径。外籍劳工的引进要有针对性，主要是面向上述短缺的制造业、服务业，并且需要劳工达到一定的职业技能标准方可引进。"一带一路"沿线部分发展中国家经济发展水平相对滞后，劳动力价格低，本地就业市场有限，因此，通过输出我国职业教育，为外籍劳工提供职业教育及培训，使其能有机会进入我国制造业、服务业就业市场，每年可使我国新成长劳动力得以补充，一定程度上缓解劳动力短缺情况。

二、面向"一带一路"沿线国家实施职业教育输出的路径

我国职业教育具备了对外输出的条件，面向"一带一路"沿线国家输出职业教育也具有相当的可行性。但要客观地认识到，我国职业教育仍存在着缺乏国际知名的教育品牌、职业教育理念尚需完善、师资国际化程度不高、职业教育与国际职业认证标准之间存在一定差距等问题，这些问题必须得以解决才能使职业教育输出之路走得长远。

（一）建立国际职业教育需求调研机制

职业教育输出必须要充分了解市场需求。针对我国企业对劳动力的需求情况，各职业院校多年来均有深入调研，并依据市场需求开展相应类型的职业教育及培训项目。但对于"一带一路"沿线国家的劳动力市场需求情况则缺乏全面了解，虽然部分职业院校也在与国外一些办学机构开展合作，进行

了一部分的前期市场需求情况调研，但都是各院校独立进行的，调研报告未能与其他机构共享，我国职业教育市场对国外职业教育的需求情况缺乏全面整体性的了解。为避免资源浪费且能够形成合力，国外调研需要由一机构牵头、统筹众多职业院校共同推进。首先建议由国家教育主管部门牵头、委托专业市场调研机构完成，调研报告全行业共享；其次是可以考虑由职业教育协会牵头，通过行业协会的力量整合各职业院校的资源开展调研，但此种方式的经费则需由各会员院校分摊，以会员费的形式缴纳，调研报告只分享给会员单位。

无论哪种形式开展调研，必须要有制度的保障，否则难以获取定期的有效数据及调研结果。职业院校如果获取不了最新的调研信息，把握不了外方市场的真实需求及需求趋势，所做战略规划也将有失偏颇，势必会影响到对外输出的具体方向，前期准备失策，造成资源和时机的浪费，很可能失去当前的大好形势。教育主管部门当前要明确对外方市场调研的机制体制，无论选用哪种方式，均需尽快给予政策支持，建立制度，落实调研经费。

（二）制定职业教育标准，规范化管理

多年来，传统的普通高等教育是国家教育主管部门的重点工作，无论是管理力量还是财政投入均比对职业院校的投入多得多。因此，相对于高等教育而言，我国职业教育的教育基础及规范性较差。为鼓励职业教育的发展，尽快培育市场所需人才，国家对职业院校的管理比普通高等院校宽松得多。无论是高等职业院校还是中等职业学校，在其专业设置、办学规模、师资队伍、设施设备等方面的要求都有很大的自由度，大量的社会力量在无需大量前期投入的情况下加入职业教育行业，这也是我国职业教育能在30余年的时间内得以蓬勃发展的原因之一。

在当前的国内职业教育上，各院校的办学一般以地方经济需求为主，院校发展战略基本没有面向全国乃至全球，专业培养标准一般以本地行业企业需求为主，同一类职业，各地区的标准均有差异。虽然部分专业已由人力资源及社会保障部或行业协会制定了行业标准，但这些标准的参照还是以国内需求为主，没有与国际通行的标准相对接。我国职业教育要走出去，就必须统一职业标准，就同一类职业而言，任何一所院校均按统一的职业标准规范教学，按职业标准考核毕业生质量，制定职业标准的牵头机构建议为人力资源及社会保障部，具体落实到各行业的行业协会。我国职业标准的制定不仅要考虑我国职业教育与"一带一路"沿线国家的需求情况，从长远考虑还需与国际通行的职业标准接轨，只有符合国际通用标准的人才方能适应全球化的竞争，未来的职业发展才有更为广阔的天地。

（三）整合职业院校资源，以项目包式管理职业教育输出

在国家政策及职业院校自身发展需求指引下，我国职业院校多年来也尝试"走出去"战略，个别院校对外交流与合作的规模、层次均比较高，但对绝大多数职业院校而言，所谓的"走出去"基本局限于选派教师出国进修、参加学术会议、外方院校专家来我方讲座等形式，对外输出教学资源、开展合作办学、招收外国留学生、外教长期担任专业课授课任务等更为深层次的国际化合作形式极少。这既是与职业院校对教育输出认识层次不够有关，更重要的是与大多数职业院校规模普遍偏小、师资力量有限、自身国际化程度不高、投入经费受限等因素有关，靠院校自身单打独斗难以形成合力及规模效应。

为扭转这一弱势，必须要整合职业院校资源，统筹利用，实现互补。建议职业教育输出以项目包式开展，由教育主管部门或职业教育协会统一对外开发职业教育输出项目，通过调研了解外方（及我国驻外企业）需求，开发输出项目包，各职业院校可独自或联合申请项目包的任务，申领任务后按职业标准开展教育教学，项目完成后经过验收方可再次申请其他项目包。这种形式可避免之前各院校争夺热点地区及热门职业教育输出而产生的无序竞争，降低内耗。院校可依据自身优势有重点地申请项目包，集中力量做好一个项目，逐渐使各自优势更为凸显，最终实现创建享誉国际的职业教育品牌。

（四）做好职业教育输出监测

教育管理是过程管理，在教育实施过程中需要规范化的管理，不能仅凭人才质量来做最终评价，一旦最终评价结果不合格，所投入的时间成本是无法挽回的。职业教育输出面对的是国际市场的评价，人才培养质量关乎到我国职业教育输出是否能得到国际认可。上述项目包式管理方式，教育教学过程具体落实到各职业院校，对教育教学过程需要做好严密监控，方可保障最终人才质量。在开发项目包的同时建立教育保障体系及评价机制，成立职业教育输出监测机构，监控项目包实施中的过程管理，并组织对项目结果实施评价。职业教育输出监管机构建议由第三方实施，教育评价机制要综合教育监管机构、外方合作机构、学生、用人企业等多方面意见。逐步建立起决策、实施、监督三个相互独立又相互联系的职业输出项目体系，提升教育治理水平。

现代职业教育的要求是要培养具有实践能力的技术人才，培养具有国际视野的高素质人才。我国职业教育不仅要容纳世界先进的职业教育资源，更要将我国职业教育资源对外输出。在"一带一路"建构框架下，职业教育输出有了更为广阔的舞台，我国职业教育要抓住这个机会，输出我国优质职教资源，创建中国职教品牌。

参考文献：

[1] 张慧波.构建人类命运共同体与职业教育国际化 [J] .中国职业技术教育，2017（34）:85-89.

[2] 孙芳仲，林若红.高职教育国际化发展策略探析 [J] .闽西职业技术学院学报，2006(3): 39–42,72.

[3] 周谷平，阚阅."一带一路"战略的人才支撑与教育路径 [J] .教育研究，2015(10):4–9.

"一带一路"背景下海南高等教育国际化
路径研究

王常华　　叶少明[①]

（海口经济学院工商管理学院，海南海口 571127）

摘要： 近年来，随着海南高等教育的迅猛发展，海南高等教育国际化也得到了前所未有的快速发展，但与全国其他地区相比，还有一定的差距，尤其是海南高等教育国际化水平不高。文章主要是在充分认识海南高等教育国际化的基础上，全面了解海南高等教育发展的现状，分析海南高等教育国际化发展存在的问题，然后深入分析海南高等教育国际化发展滞后的原因，并最终为海南高等教育国际化发展提出可参考意见。

关键词： 海南；高等教育；国际化；国际旅游岛；"一带一路"

海南省自 1988 年建省以来，高等教育快速发展，目前全省高等学校（本、专科）18 所，其中本科院校 7 所，专科院校 11 所；然而具有留学生培养资格的院校只有 4 所。2009 年国务院批准海南省建设国际旅游岛的意见后，海南便率先在旅游业中做试点，建设标准国际化的海南旅游产业，随之

---

①王常华，男，海口经济学院工商管理学院副院长，副教授，研究方向：服务贸易、电子商务。

叶少明，男，海口经济学院工商管理学院院长，教授，研究方向：财务管理、公共管理。

发展起来的还有海南金融、教育等产业。2013 年习总书记提出"一带一路"倡议，努力实现以中国为主导的亚洲区域经济发展圈，其中海南也作为"一带一路"建设中的战略支点，借助"一带一路"发展的机遇积极发展了海南的教育事业。但高等教育的国际化发展还很落后，这就需要海南利用好这些国际、国家的政策机遇，大力发展海南高等教育的国际化。

一、高等教育国际化

对于高等教育国际化，前人已经做了深入的研究探讨，早在 2004 年耶鲁大学就提出了其发展国际化的战略思路，要按照"目标—策略—项目"层层分解的方式，确立 3 大核心目标、15 项战略措施、60 余个实践项目。联合国教科文组织的大学联合会（International Association of Universities）在整合了奈特的观点的基础上，将国际化与大学的 3 大基本职能结合在一起考虑，它定义了高等教育国际化：把跨国界和跨文化的观点和氛围与大学的教学工作、科研工作和社会服务等主要功能相结合起来，而且是一个包罗万象的变化过程，既有自下而上的，又有自上而下的，还有学校自身的政策导向。

基于以上国内外对高等教育国际化的定义和理解，作者认为高等教育国际化是指在高等教育的实施中，采取国际化的视野、运用国际化的手段、学习和培养具有国际化人才的全过程。高等教育国际化的模式主要是参与国际化教学、国际人才交流、国际学术研究等。其国际化的实现是指两个或两个以上的国家间所开展的教育活动等。

二、海南高等教育国际化现状

（一）起步晚，规模小

海南高等教育国际化的发展相对起步较晚，目前的发展规模也还很小。全省共有 18 所本专科高校，其中有国际化项目的 9 所（含国外访问学者和国外进修），而学生参与国际化教育的就只有 7 所。这在数量和质量上不及国内其他省份，尤其是师生参与国际化教育的高校只有海南大学、海南医学院和海南热带海洋学院等。2008—2015 年海南高校学生参与各种国际化教育的情况如图1所示。

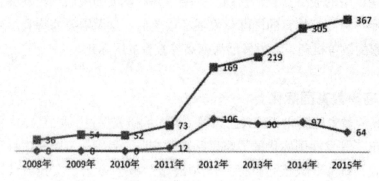

图 1　2008—2015 年海南高校海外交流项目派出学生情况

数据来源：海南大学（http://www.hainu.edu.cn）。

从上图可以看出，海南的国际化发展起步比较晚，从有数据记载的 2008 年开始，自 2012 年发展迅速，尤其是 2011—2012 年呈现爆发式增长，而后增长速度逐步放缓，尤其是以实习为目的的国际化教育逐步下降，以海外学习为主的国际化教育在逐年上升。2015 年海南省已有 8 所普通高校开展了留学生招收培养工作，他们分别来自欧、美、亚、非等洲的 50 余个国家和地区。以海南大学为例，留学生人数也在逐年稳步增长，2012 年海南大学共招收来自 56 个国家和地区的留学生 241 人。

（二）形式多样化

海南高等教育国际化形式多样，常见的形式如课程教育国际化、教师国外访学进修、科研国际化合作、学术交流国际化和学生国际交换等。课程教育国际化，如在国内教育中引用国际化元素的双语教学，国外实习和部分课程学习等；海南省坚持"送出去迎进来"的国外访问进修模式，人员交流国际化频繁；科研团队国际化是教师科研向国际权威学术机构靠拢；学术交流国际化模式，鼓励教师参与国际学术交流；学生国际互换模式，派遣学生做国际知名大学交换生，拓宽学生视野等。

（三）教育国际化机遇多

当前海南高等教育国际化开展的机遇众多。如海南国际旅游岛建设的大机遇下，需要更多的国际化服务内容，这为海南高等教育国际化开展奠定了基础。海南作为国家"一带一路"建设布局实施的重要支点省份，也为海南高等教育国际化发展创造了条件。同时，国家所提出的北部湾城市群建设与发展也给了海南高等教育国际化发展空间和机会。当然，一年一度的博鳌亚洲论坛年会的召开也为海南高等教育国际化发展提供了机会。

（四）国际化教育趋于成熟

从目前来看，海南高等教育国际化的发展正在朝着完善和成熟方向前进。海南建省初期，虽然高等教育国际化有所发展，但其规模小，发展不成熟。自 2008 年以来，海南高等教育国际化发展已从传统的境外实习发展到境外学习、境外访学和进修、境外学生交换培养、双语课程设置和开发、外籍教师的引入和学术交流国际化等更加成熟的形式。

所以，从以上不难发现，海南高等教育国际化发展正在改变过去规模小、层次低、形式单一、发展机会少和不成熟的状况。

三、高等教育国际化路径模式

（一）留学生教育模式

留学生教育是高等教育国际化的重要形式之一。中央决定要扩大来华留学生规模，这将对国内高校留学生教育格局重新调整，更是海南争取在全国高校教育国际化发展的重要机遇，也是海南增加更多留学生来琼受教比重的重要机会。海南省留学生人数一直持续增加，2015 年海南省已有 8 所普通高校开展了留学生招收培养工作，他们分别来自欧、美、亚、非等洲的 50 余个国家和地区。相比发达国家，尽管教育质量落后，但中国五千年的文化传承是吸引留学生前来的重要吸引力，海南人杰地灵，淳朴的风土人情、得天独厚的地理环境也是对留学生的吸引力之一，政府应加大对留学生教育政策的实施和资金扶持，吸引更多的来琼留学生，同时也应该培养更多全方位的人才。

（二）课程国际化模式

课程具有国际化特点，开设国际上公认的成熟课程，革新原有课程内容。海南省增加国际化的教学元素，各高校主动吸收国外教材，且开设国际贸易、西方经济学等涉外课程，培养学生具有国际视野，增强学生对他国文化传统的理解和认同。另外，针对中国学生开设第二、第三语言的双语教学模式，让国内学生对国外文化和语言有一定的了解和掌握，为今后的深造和留学奠定基础。

（三）国外访问进修模式

高等教育国际化的形式还有国外访学进修模式。访学一般是国内教师赴境外知名高等院校做为期一年的访问学者，重点学习国外优秀高校教师科学研究的方法和技巧，以此提升国内访问学者自身的科学研究水平和能力。国外进修，一般以一个月到半年不等，重点是学习国外教师如何开展教学工作，以此提升进修教师的教学水平和能力。

（四）科研团队国际化模式

教师是教育科研的砥柱，也是高等教育国际化在高校的具体体现。一国的教育国际化非常需要教育工作者也就是教师的积极参与，教师学术成果在国际权威机构发表，能充分说明其国际化水平。然而海南各高校国际化师资力量不足，尽管教师构成没有局域限制，多数教师来自全国各地，但真正在国外接受国际教育熏陶的不多，且有机会参与国际合作项目和参加国际交流的甚少。国家有政策，海南省近年来已在各高校实施教师出国访学和深造行动，每年都会有少量名额。

（五）学术交流国际化模式

海南省重视国际学术交流，组织各高校优秀教师资源积极参加国际学术交流活动。自 2010 年国际旅游岛建设步入正轨后，利用海南的国际会展发展迅速的契机，积极引进各大型国际性学术会议在海南召开，海南高校就将诺贝尔奖获得者等学术界精英请到学校做学术交流，除提升高校的声誉与地位，更为海南学术研究注入生机与活力。学校是学术交流的主要平台，各高等院校积极推进校际学术交流与合作，海南高校已与韩国、日本等国开展校际学术交流，为校际学术合作、学术交流提供机会。

（六）学生国际互换模式

海南省高等教育国际化还积极推动学生国际互换模式。各高校积极为在校大学生创造与国际知名学校交换学习的机会，完善交换生管理制度。通过创造交互生生活、学习环境，留住学生在校学习。同时，通过校际合作，吸引各合作院校学生来海南省高校学习。

所以，海南省留学生教育、课程、国外访问、科研团队、学术交流都正致力于高等教育国际化。

四、海南高等教育国际化路径的条件分析

（一）政策机制不完善

海南虽然也出台了关于高等教育国际化的相关实施意见，但还存在"悬空"未能真正落地的政策支持。国务院印发《国家教育事业发展"十三五"规划》，提出做好教育对外开放的具体措施。应优化教育对外开放布局，实施

共建"一带一路"教育行动，积极倡议"一带一路"沿线各国构建教育共同体，对接沿线各国意愿，互鉴先进教育经验，共享优质教育资源，提升教育开放层次和水平，积极参与全球教育治理，统筹推进中外人文交流。海南省政府出台了《海南省统筹推进高水平大学和一流学科建设实施方案》，加快推进海南高水平大学和一流学科建设，提升海南省高等教育办学实力和水平。但所有的这些政策并未能放开海南高等教育国际化的专业设置、留学生培养层次、留学生培养规模和对外学术交流的限制。

（二）资金支持力度不大

海南高等教育国际化资金支持力度不大。高等教育国际化发展需要大量资金的支持，尤其是政府在高度重视的前提下，要给予更多的财力支持，鼓励教师和学生参与到高等教育国际化中，特别是在开展国际化教育中的经费支持要比一般国内教育的经费多；同时还要对开展国际教育研究的给予足额经费支持。

（三）高等教育国际化能力弱

海南作为我国最晚一个建省的地区，在高等教育发展上与其他地区相比要慢一些，高等教育国际化发展起步也较晚。所以，从总体而言，海南高等教育国际化的能力还很弱，目前主要集中在国内学生赴境外实习、教师境外访学和进修等内容，在课程国际化教育、学术交流国际化和科学研究等深层次的国际化上还有差距。

（四）信息闭塞，对外交流机会少

海南地处中国最南端，与祖国大陆只有水路和航空两种方式相连，在交通方面与祖国大陆相对受限，尤其是因天气变化给交通带来不便更为明显。这在很大程度上影响了国际教育的开展。当然，交通的不便也必然造成了信息上的沟通不畅，以及学术交流的机会减少。

所以，从上面不难发现，海南高等教育国际化发展还存在政策机制不够完善、在高等教育国际化的资金支持力度不大、高等教育国际化能力还很弱、信息闭塞且对外交流机会不多等问题，要想加快海南高等教育国际化发展，就必须要有针对性地解决以上存在的问题。

五、海南高等教育国际化路径模式选择的建议

（一）政府重视，给予体制和资金支持

在海南高等教育国际化发展方面，政府要高度重视，从政府层面首先要

做好宏观设计和规划，尤其是要在政策机制和资金上给予足够的支持。如在待遇不变的情况下扩大教师境外访问学者数量，增加教师短期进修培训，协调公办高校和民办高校同步发展，尤其是对于教师、学生的境外学习和进修要给予足够的资金支持。同时，要增加来琼留学生的数量及政府奖励制度，进一步扩大来琼留学生规模。

（二）加强师资队伍国际化

要加强师资队伍的国际化建设，就要从"走出去"和"请进来"上下功夫。海南要支持教师出国访学和参加各类各级进修，必要的情况下鼓励教师赴境外攻读博士学位；还可以增加吸收"留洋"博士的比例和数量，进一步扩大海南高等教育国际化的师资队伍建设。

（三）扩大留学生规模

海南应扩大留学生规模，尤其是增加"一带一路"沿线国家来琼留学生数量。为了做大做强海南教育国际化，政府应加大海南国际旅游岛宣传力度，加大海南国际旅游岛开发开放力度，提升海南高校国际知名度，鼓励和扩大高等教育界多形式人员交往，通过高频率和多层次的教育资源共享、科学技术合作，为海南教育国际化发展奠定基础。海南地处 21 世纪海上丝绸之路的桥头堡、中国与东盟自贸区最前沿，成为"一带一路"特别是 21 世纪海上丝绸之路建设的排头兵和主力军，应广泛开展与东盟各国教育的国际交流和合作，积极与国外多所大学建立合作关系，积极与东盟国家开展形式多样的合作办学项目，深化沿线国家间人才交流合作，培养出具有海南特色、服务"一带一路"建设的国际化人才。

（四）多渠道实现国际合作人才培养

通过"政府+企业+高校"模式，协助政府完善海南留学生培养及就业制度。海南各级政府应该对接收留学生高校加大政策和经济支持力度，通过政府、跨国公司、民间组织等多渠道实现国际合作，通过"校校合作""校政合作""校企合作""政企合作"等多种渠道实现国际人才培养。同时，政府应加大对留学生高校投资力度，提高高校留学生享受政府奖学金比例，完善政府和企事业单位设立奖学金鼓励等等措施，以吸引更多优秀留学生。

（五）积极鼓励学术交流国际化

积极鼓励师生参与国际学术交流活动，除了在海南本土召开的国际化学术会议之外，还应让师生走出校园、走向国际参加各级各类学术交流会议。国际化主要表现为高校与高校之间基于国家与国家科技或文化交流背景下的内容更加丰富、形式更加多样化的学术上的往来和交流。海南高校要更新观念，勿故步自封，如果仍然将国际交流与合作界定在迎来送往的接待性事务工作，必将阻碍学校国际化发展进程。必须认识到学术交流是高等教育国际化的基本特征和最易实现的形式。作为学校主体的人员交流是一种学术交流的有效方式，主要包括学生交流和教师交流。积极创设国际学术平台，建立有效的学术交流机制。海南高校要创造条件承办、举办国际学术研讨会；建立国际高校学术交流和互访机制，如诚聘不同国别、不同文化背景的专家短期讲学或来校任教等。

所以，海南高等教育国际化发展，政府要高度重视，要给予体制和资金方面的支持，加强高等教育师资队伍的国际化建设，扩大留学生招收规模，实现多渠道的国际合作人才培养，鼓励师生积极参与学术交流国际化活动，等等。

参考文献：

[1] 黄磊.高等教育国际化问题与对策探析 [J] .广东外语外贸大学学报，2007(18)：29-31.

[2] 严丽纯.地方高校发展国际化的路径选择 [J] .长春理工大学学报，2011(7)：3-4.

[3] 马青，卓泽林.埃及高等教育国际化:原因、路径及特点 [J] .中国人民大学教育学刊，2015(3):120-131.

[4] 张建敏，刘国敏，张达敏.澳大利亚高等教育国际化路径对中国西部高校教学改革的启示 [J] .黑龙江教育·高校研究与评估，2016(5)：41-43.

[5] 喻晓聪，李阿利.香港高等教育国际化特色分析及借鉴 [J] .现代企业教育，2011(20)：137-139.

"一带一路"背景下应用型高校社会体育专业创新人才培养路径研究

——以海口经济学院为例

艾　康　陶　成　罗莎莉①

（海口经济学院体育学院，海南海口　571127）

摘要：习近平主席于 2013 年首次提出了"一带一路"的构想。"一带一路"建设需要社会体育专业人才，这对高校培养该专业人才提出了新的要求。文章通过找出应用型高校社会体育专业创新人才培养中存在的问题，分析"一带一路"倡议对高校社会体育专业创新人才培养的意义、思路、模式以及培养路径，为学生就业提供平台，培养出符合国际需要的创新人才，更好地服务"一带一路"建设。

关键词："一带一路"；应用型；创新人才培养

　　"一带一路"倡议是 2013 年习近平主席访问中亚四国与东盟时提出的。国务院 2017 年 1 月发布的《国家教育事业发展"十三五"规划》指出，在

①艾康，男，海口经济学院拳星时代体育学院副教授，研究方向：民族传统体育。
　陶成，男，海口经济学院拳星时代体育学院教授，研究方向：运动机能学、体育社会学。
　罗莎莉，女，海口经济学院拳星时代体育学院副教授，研究方向：民族传统体育。
基金项目：2017 年海口经济学院教学研究教学改革课题（项目编号：hjyj-201729）。

"一带一路"建构框架下对我国高校人才培养模式改革，这为我国高校社会体育人才培养模式带来新契机。截至 2016 年，教育部公布的高校数据显示，全国有高校 3000 多所，其中民办本专科院校高达近 750 所。海口经济学院作为民办高校起步较晚，在人才培养上有差距，想要在高校教育占一席之地，就必须完善人才培养模式。社会体育也称为"大众体育""群众体育"，兴起于20 世纪 60 年代，也被称为"第二奥林匹克运动"，有人称它"是国家的一项重要的社会政治任务"。"一带一路"的建设，为我校社会体育专业人才培养模式带来新契机，为我国培养符合"一带一路"国际化社会体育专业人才发挥作用。为贯彻落实"一带一路"倡议，我校加强与东盟国家教育合作和交流，将与泰国、马来西亚和新加坡等东盟国家相关高校合作，我校社会体育专业人才培养随着"一带一路"的发展迎来新挑战。

一、"一带一路"背景下应用型高校社会体育专业创新人才培养的意义

（一）提升中国的国际影响力，探寻新的经济增长之道

"一带一路"倡议近 60 个国家支持，愿意参与的就有 50 多个，未来还将会有更多的国家参与其中。"一带一路"背景下，中国作为世界经济增长的领跑者，在 2014 年 5 月的亚信峰会上，中国表示要在 2014 年到 2016 年，将推动建立"亚洲人的亚洲"，推动包括亚欧大陆在内的世界各国，构建一个实现"双赢"的共同体，这对于提升中国的国际影响力意义重大。

"一带一路"背景下对社会体育专业人才的需求将不断增加，有助于促进双方在第三产业等多领域的合作。以社会体育人才为媒介，服务沿线国家和地区开展体育健身活动、体育旅游以及体育基础设施建设，不断完善和促进我国以及沿线国家的经济发展，主要表现在政府扩大教育资金投入，加大对群众体育的资金的投入。"一带一路"的实施，会带动区域、国内乃至国际范围内的新经济增长点，中国将致力推动"一带一路"沿线国家在政治、经济、文化以及教育方面的合作与交流，与"一带一路"沿线国家建立新的合作伙伴关系，促进全球经济长期稳定且快速发展。

（二）为学生提供众多的就业机会

"一带一路"沿线国家人口众多，社会稳定，经济发展总体向好，体育旅游资源丰富，为今后的合作和施展空间蕴藏巨大潜力，也为社会体育专业人

才提供了良好的机遇和巨大的挑战，对该专业提出了新的标准和要求。"一带一路"背景下我国与沿线各国的合作交流频繁，社会体育专业的学生毕业后将在社会体育领域从事群众性体育活动的组织管理、咨询指导、经营开发以及教学科研等方面的工作，并为沿线各国提供社会体育方面的高级管理人才。目前海南本科高校中开设社会体育专业的有：海南师范大学、热带海洋学院和海口经济学院。其中海口经济学院已向社会输送该专业人才271人，学生就业率均在90%以上。"一带一路"背景下，我们要借此机遇，加强与沿线各国的合作交流，培养出符合当前国内、国际市场需求的应用型社会体育专业创新人才，这将为我国该专业学生提供众多的就业机会。

（三）为创新社会体育人才培养指明方向

在我国高校社会体育人才培养中存在许多问题的今天，"一带一路"倡议的提出无疑为高校社会体育人才的创新培养提供了前进方向。人才需求量的剧增为高校培养社会体育人才确立了目标，我们可以引进"一带一路"沿线各国高校体育人才培养的成功模式。"一带一路"倡议的实施需要配套相关人才的支持，为高校的相关体育专业扩大规模提供了强有力的保障。

二、"一带一路"背景下应用型高校社会体育专业人才培养存在的问题

（一）照搬人才培养方案

当前，海口经济学院在办学类型和层次上与公办院校没有区别，存在专业办学特色不突出、人才培养方案过时等问题。如在制定11级、12级、13级、14级社会体育专业的人才培养方案时，大多照搬其他兄弟体育院校的经验。在其课程设置、授课内容和实践教学等方面都存在不少问题，导致教育过程中"重智商，轻情商"。学校注重学生综合素质的培养，更多强调理论和实践能力。"一带一路"建设中，在过时的人才培养方案下培养社会体育人才，根本满足不了国家甚至国际对应用型人才的需求，很难与国际接轨。

（二）培养应用型人才的师资匮乏

目前国内高校"双师型"教师较少，到该行业实践机会不多，缺乏实践经验，教学理念常以教师为中心。学生学习缺乏主动性，对教师具有较强的依赖性，创新能力较弱。由于受传统教学方法与模式的影响，导致该专业的教师教学方法单一，对现代教育技术运用力度不够。在"一带一路"背景下，

教师缺乏自主的创造性，尤其是在综合运用能力上十分缺乏，课堂显得缺少生机与活力，学生只会被动地死记硬背老师教授的知识，其主要表现为应试能力较强，跨文化交际能力较弱，缺乏创造力和国际视野。

（三）实践环节薄弱

实践环节薄弱，实践教学模式过时。目前社会专业学生的实践教学主要包括校外实训基地和校内实训室等方式。但是实训基地培养学生的力度不一，同时模拟仿真程度较高的实训室较少。目前海口经济学院已经建立了运动解剖教学实训室和校外实训基地，但是实训室由于游泳馆经营已经拆除，不能正常开展教学实训环节，运动人体科学实验室正在积极建设中。对于实践基地来说，实践基地往往也只是敷衍了事，学生在实践中只能涉及低层次的重复劳动和手工劳动，例如健身房发传单、水上项目的救生员等等。实践基地不仅无法借助毫无工作经验的学生开展正常工作，还要分配老员工带学生学习，势必影响老员工的工作效率。调查发现，海口经济学院社会体育专业学生几乎没有到境外实习或实践教学的机会，"一带一路"发展背景下，这样的实践模式极不利于国际性社会体育人才的培养。

三、优化应用型高校社会体育专业人才培养模式

（一）"专业＋综合素质＋实践"的"一体两翼"的人才培养模式

应用型人才培养体系建设是社会发展的需要、学校提高核心竞争力的需要、学生适应社会需求提高个体竞争力的需要、学科建设本身的需要，也是遵守教育规律的需要。海口经济学院拳星时代体育学院正在积极推进构建"一体两翼"的应用型人才培养体系。即以专业课程为主体，公共（素质）课程和实践环节（活动）为两翼的人才培养模式。通过分析目前海口经济学院各方面环境条件及相关影响因素，同时兼顾学生的需求，邀请体育界业内的专家、学者探讨在"一带一路"背景下如何培养应用型人才。在"一体两翼"的人才培养模式下，倡导开放、自主，实现跨地域、跨国家的实践平台，以此推进高校"一带一路"应用型专业出色、能力较强、综合素质较高的创新人才培养。

（二）开拓多种办学的人才培养模式

"一带一路"背景下，对于人才的标准提出了更高要求。当前，海口经济学院该专业人才面临"走不出去"与不能国际接轨的现状，这是我们需要重

点思考的问题。目前海口经济学院正在积极探索中外合作办学模式,与国内公办院校以及沿线国家高校合作社会体育专业人才的共同培养。例如,与国内合作培养的兄弟院校有成都体育学院、北京体育大学、海南师范大学等;国外办学方面,将与东盟国家教育合作交流共同发起成立东盟学院。通过"请进来、走出去"的办学模式,不断深入开展境外办学、中外合作办学、交换学生等形式的跨境教育,拓宽人才培养途径,推动跨国际人才交流。"一带一路"沿线国家区域人才流动,将带动国际化的社会体育专业人才培养,是提升高校创新人才培养的有效途径,能为"一带一路"沿线国家输送他们迫切需要的该专业人才。

(三)学校与企业联合培养模式

在与各国的合作交流以及业务拓展过程中,人才的流动是最根本的。"一带一路"背景下所需人才必须拥有过硬的实践能力,因此,与国内外企业联合培养是高校应用型人才培养的重要途径。学校和企业的文化属性和理念截然不同,学生在学校完成的课堂作业不同于在企业中完成的本职工作,在企业工作是检验学生学以致用能力的高低,要求学生把理论知识应用于实际工作。因此,学校与国内外企业的合作要深度挖掘合作的项目。如,学校可以与国内外企业对接,参编企业需要的实践类教材,定向培养社会体育人才;校方可邀请企业人员参与学生的职业生涯规划、创新创业以及素质课程的讲课。由此,企业可以从学生的实习实训中储备优秀人才。学生的培养需要尊重企业需求,企业的项目牵动学校,以此实现学校与企业的双赢。

四、"一带一路"建设应用型高校社会体育专业创新人才培养路径

(一)内部途径

1. 制订符合"一带一路"建设的人才培养方案

第一,制订符合"一带一路"建设的人才培养方案,重新设定人才培养理念、目标、定位,调整课程设置和授课内容。在新的人才培养方案下,重新设定社会体育专业的人才培养理念,确立培养目标,随后依据应用型人才培养目标的定位,组建课程模块。在人才培养的理念、目标、定位改变的情况下,其课程设置与授课内容也应做出调整变化。课程设置和授课内容关系到人才培养的质量,本文提出了"专业+综合素质+实践"的"一体两翼"的

人才培养模式，将资源进行重新整合，并逐步改善现有的人才培养模式。

第二，编写符合"一带一路"建设人才的教材。高校人才培养与国内外政府、企业、科研院所、社会服务机构等进行深度合作，编写符合用人单位、学生、学校教学环境的教材，根据各方需要及时调整教材内容使之更有针对性，从而保证教材与国内国际要求同步接轨。

第三，优化教学方法与手段。教师要改变传统的教学方法与手段，学习先进信息化网络技术，提升教育教学条件。教师授课不要拘泥于一种形式，除了传统教学外，教师可以开展网络视频课程、微课、慕课等新教学方式。

第四，毕业生的跟踪与反馈。从毕业生到用人单位的适应到成长阶段做到系统地跟踪。跟踪与反馈调查是一个长期的过程。毕业生到用人单位期间，学校要及时对毕业生进行跟踪调查，及时发现问题，调整他们在工作中所遇到的问题，以便及时更新人才培养方案，有效地提高人才培养效果。

2. 提高教师教育教学水平与实践教学能力的培养

"一带一路"背景下社会体育人才的培养离不开教师。教师的教学水平和实践能力是培养应用型人才的首要因素，教师要不断提高教育教学水平，与千变万化的国际形势相接轨。具体方法如下：一是派遣年轻教师到国内外高校进修学习，及时更新本专业的理论知识，提升专业技术技能；二是各高校应根据自身教育环境的发展需要，有计划地安排教师到合作企业或者实习基地进行实践；三是引进专家，对具体的工作岗位与学生工作中可能会遇到的问题做好岗前培训；四是利用"请进来、走出去"模式，一方面引进外教或国外的一线体育行业的专家与人才担任学生实践教学的指导教师，另一方面选派校内专业教师到"一带一路"沿线国家的体育一线行业实践，提升教师专业技能、实践能力与综合素养，从而提高教学实践水平。

（二）外部途径

1. 与国内外高校合作，建立联合培养制度

当前，国内多数高校的社会体育专业还没有建立与国内外兄弟院校联合培养的模式，都是各自培养自己的人才，大有闭门造车之势，极不利于各高校间合作交流。加强与国内外高校的联合培养，可以颁发双校文凭，不仅有利于沟通交流与资源共享，还有利于学生职业能力的培养，扩大其就业机会。例如，"一带一路"背景下海口经济学院加强与东盟国家教育合作和交流，海口经济学院将与泰国、马来西亚和新加坡等东盟国家相关高校合作，与泰国瑞嘉普大学、泰国萱素南塔大学和泰国正大管理学院等学校进行了友好交

流和磋商，并分别签署了合作谅解备忘录和联合培养博士等相关文件。2018年4月，海口经济学院与东盟国家教育合作交流，共同发起成立东盟学院，学生毕业时将获得海口经济学院与东盟学院双方校长签发的学术认证证书。"一带一路"背景下与国内外高校合作，建立联合培养制度，是国际性社会体育专业人才培养所急需的，也是目前一种创新的人才培养趋势。

2. 搭建国内外实践教学平台

"一带一路"背景下要改变实践教学观念，搭建好国内外实践教学平台。社会体育专业学生在校内实训室完成模拟的实践教学后，也可以通过与校外合作完成岗位技能的实践，即到境外"一带一路"沿线国家完成境外实习或实践教学。在此机遇与挑战下，在"一带一路"沿线国家建立海外实践基地，发展境外实践教学平台，与国际接轨，更有利于国际社会体育人才的培养。学生在境外实践时，可以考取国外国际认证的职业资格证书，使学生在职业能力提高的同时，也扩大境外就业的机会。

国内外实践教学平台体系建设具体可以从以下几个方面入手：第一，在校内建立实训室完成模拟的实践教学。第二，建立实践教学基地。将有实力的用人单位吸引加入签订实践基地，教学实践基地是关乎实践教学质量的关键。第三，引进国内外用人单位有过丰富实践工作经历的专职人员，进入学校授课，解决教学主体匮乏的问题，充分利用引进教师的社会关系。第四，依托海外学院合作培养。如海口经济学院成立的东盟学院，可以有计划选派在校的本科生、研究生到"一带一路"沿线国家的体育相关领域实习，培养应用型社会体育专业人才。

五、结语

"一带一路"背景下需要我国培养应用型社会体育人才。首先，要优化应用型高校社会体育专业人才培养模式，包括"一体两翼"的人才培养模式、开拓多种办学的人才培养模式以及学校与企业联合培养。只有拓宽人才培养途径，才能推动跨国际人才交流，促进"一带一路"沿线国家区域人才流动。其次，"一带一路"建设应用型高校社会体育专业创新人才培养路径包括：制定符合"一带一路"建设的人才培养方案，提高教师教育教学水平与实践教学能力的培养，与国内外高校合作建立联合培养制度，搭建国内外实践教学平台。社会体育专业人才培养将随着"一带一路"建设的发展迎来新的机遇与挑战。

参考文献：

[1] 校锐."一带一路"战略下地方高校应用型人才培养研究 [J].教育现代化，2018(5)：27-31.

[2] 刘国斌.服务"一带一路"战略人才培养的路径研究 [J].全国流通经济，2017(4)：45-47.

[3] 祝镇东."一带一路"背景下民办高校人才培养模式改革研究 [J].才智，2017(9)：20-21.

[4] 雷鸣."一带一路"背景下陕高校人才培养与协同创新研究 [J].现代经济信息，2017（12）：350-351.

[5] 李艳航."一带一路"战略背景下高校人才培养体系创新研究 [J].产业与科技论坛，2016(9)：175-176.

[6] 王琨.基于"一带一路"背景下的民族传统体育发展研究 [D].上海体育学院，2017.

"21世纪海上丝绸之路"背景下海南翻译人才的培养研究

李　娴　杨昌君[①]

（海口经济学院外国语学院，海南海口 571127）

摘要：随着海南与东盟交流合作等国际事务的日渐增多，海南的翻译事业迎来了发展的大好机遇。然而，海南目前也面临着外语小语种翻译人才、高层次翻译人才、复合型翻译人才紧缺的局面。同时，外语专业人才知识面局限、翻译质量不高、外语翻译教学方法陈旧、外语翻译师资力量薄弱等问题也是不争的事实。为此，文章提出了调整培养目标，加大外语翻译人才的培养力度；构建"重基础、重应用、重实践"的复合型人才培养模式；政府应扶持和引导培训机构扩大规模，提高翻译质量；加强外语翻译师资队伍建设投入以改进和创新教学方法等措施，确保翻译人才培养水平的提高。同时，建议海南各高校外语专业的学生能积极投身到海南的各项国际会议中，通过大量实践不断提高翻译能力和水平。

关键词：翻译；人才培养；海上丝绸之路；海南

---

①李娴，女，海口经济学院外国语学院讲师，研究方向：翻译理论与实践。

杨昌君，女，海口经济学院外国语学院院长，副教授，研究方向：翻译理论与实践、大学英语教学。

2013 年 10 月，习近平总书记在访问东盟国家时，着眼中国与东盟建立战略伙伴十周年这一新的历史起点，为进一步深化中国与东盟的合作，构建更加紧密的命运共同体，为双方乃至本地区人民的福祉而提出了建设"21 世纪海上丝绸之路"的构想。共建"21 世纪海上丝绸之路"是世界格局发生复杂变化的当前中国连接世界的新型贸易之路，它将大力促进沿线国家政策沟通、道路联通、贸易畅通、货币流通、民心相通，并能让沿线国家和中国互惠互利共赢。

海南是中国与东盟、南亚、中东沿海各国海上交往的最前沿，是"21 世纪海上丝绸之路"的必经之路，海南作为国际经济区域合作的重要枢纽，担当着建设"21 世纪海上丝绸之路"的重要支点和历史重任。《海南省全域旅游建设发展规划（2016—2020)》中提出，要支持培养国际化旅游人才，通过国际化语言环境建设，提升旅游从业人员的多语种服务水平。但随着海南参与东盟交流合作等国际事务的日渐增多，外语翻译人才的数量和质量都面临严峻的考验。外语人才缺乏，成为这个海岛发展的瓶颈。因此，如何培养一批高层次的翻译人才为海岛发展战略服务是海南亟待解决的问题。

一、海南外语翻译人才培养现状

（一）外语小语种翻译人才和高层次翻译人才紧缺

从海南各高校外语专业的设置情况来看，海南大学、海南师范大学、海南热带海洋学院、海口经济学院等本科高校开设的外语专业主要有英语、俄语、日语、朝鲜语等。从各高校培养的重点来看，大多数高校仍然把外语教学重点放在英语的培养上，如目前海南大学英、日、俄专业，在读本科生1996 人，在读研究生 163 名，但三分之二的学生就读的专业还是英语专业。而泰语、越南语、马来语、缅甸语、柬埔寨语等小语种专业没有开设，各高校只有一些学生兴趣性的社团。可见，面对当前海南和东盟国家频繁交往和国际会议的频繁召开，海南外语小语种翻译人才严重紧缺。从培养的层次来看，全省高校中没有翻译类博士点，仅海南大学有翻译专业硕士点，每年培养的高层次翻译人才数量少，大多数毕业生还选择了北上广等发达城市就业，留给海南可用的高层次翻译人才屈指可数。

（二）外语专业人才知识面局限，复合型翻译人才严重欠缺

为了调查海南省外语专业毕业生的能力水平，本人设计了海南省高校外

语专业毕业生能力调查问卷，并向海南的 3 所公办本科高校和 1 所民办高校的外语专业毕业生发放了120 份问卷，收回有效问卷 111 份。对回收的问卷进行分析发现，通过大学英语四级考试的学生占 83.6%，通过大学英语六级考试的学生占 53.4%，民办高校四/六级通过率远低于公办高校；有 60.3%的学生获得了外语等级证书，有 43.7%的学生认为自己的外语基础扎实，语言功底良好，能够较好地使用外语进行日常交流，仅有 12.4%的学生认为能较好地结合旅游、经贸、文化、法律、营销等知识进行系统应用。另外，从海南省考试局相关部门得知，每年参与二级翻译资格证书考试的人员很少，通过率极低，近几年没有一级翻译资格证书报名的考生。据海南省外事侨务办公室的工作人透露，在一些高层次的政治、商业活动中，东南亚国家团组通常都自带翻译，否则需要从云南或广西等地雇佣翻译。可见，海南外语专业人才知识面较狭窄，复合型翻译人才严重缺乏，难以应对海南与东盟交流合作等国际事务日益繁重的趋势。

（三）翻译培训机构数量少规模小，翻译质量有待提高

海南的语言服务行业尚处于起步阶段。据海南省翻译协会不完全统计，海南省正式注册的翻译服务机构不超过 6 家，大多是培训机构、劳务出口等兼职做翻译的小机构，这些机构数量多，但具有丰富经验的专职译员少，服务水平参差不齐。大部分翻译公司都缺少专业领域的翻译人员，如医疗、法律等等。此外，根据某翻译机构的统计数据显示，90%以上的翻译企业仍停留在完全手工操作阶段，缺少翻译质量控制工具及品质控制流程。

（四）外语翻译教学方法陈旧，师资力量薄弱

当前，海南各高校外语翻译教学的方法仍然是以教师为中心，教师讲得多，学生听得多，练得少，实践更少，教学效果整体不佳，学生的学习主动性和积极性没有调动起来；再加上大多数高校的学生使用的教材还是传统的国内统编教材，针对性和实用性不强，没有结合海南本土文化元素，更没有考虑国际旅游岛建设、"一带一路"等对翻译人才培养的需求和知识链接。通过调查，发现海南外语教师不论从数量上还是质量上都不能满足本土外语人才培养的需求，大多数外语教师从学校毕业后直接走上讲台，实践锻炼少，实践能力低，实战经验欠缺。多数外语教师对于跨学科的知识掌握不全面，如对政治、经济、文化、旅游、法律、跨国文化、营销、专门学科等方面的知识理解不透彻，对于相关行业的专业术语比较陌生，缺乏相关行业的翻译

经验，难以胜任培养新时代复合型外语翻译人才的教学工作。

二、"21 世纪海上丝绸之路"背景下海南翻译人才的培养措施

（一）调整培养目标，加大外语翻译人才的培养力度

目前，从海南外语翻译人才的需求来看，英语翻译人才的市场需求已基本上饱和了，但随着海南与东盟国家交流愈加频繁，小语种翻译人才需求在不断增长。因此，要调整外语翻译人才培养的目标。海南外语翻译人才的培养应以小语种翻译人才为主，以培养英语翻译人才为辅，不断提高小语种翻译人才的数量和质量。建议：一是海南省教育管理部门应鼓励在部分高校开设外语小语种翻译专业，鼓励海南本地的考生攻读，将来毕业留在本地为家乡服务；二是对于成熟开设英语专业的高校，应培养熟练掌握英语+小语种等多门外语的专业翻译人才；三是海南省的教育管理部门应重视外语翻译人才紧缺给海南未来的发展带来的不利影响，加大培养人才的投入力度，督促相关高校开设第二外语，培养语言人才，争取在 3—5 年解决海南外语人才特别是高层次翻译人才紧缺的问题。

（二）构建"重基础、重应用、重实践"的复合型翻译人才培养模式

海南各高校应遵循高等教育规律，紧紧围绕海南省"十三五"期间重点发展"十二个重点产业"战略，专业建设对接产业，深度融入产业链，有效服务区域经济社会发展。按照"把握方向、整体优化、突出应用、强化实践"的基本原则，以市场需求为导向，确立"加强基础、强化实践、突出能力、面向应用、注重创新"的教育理念，在培养外语翻译人才的过程中，还要开展跨学科研究，要把政治、经济、旅游、法律、营销、物流、商务、医疗健康等方面的知识与外语翻译相融合。比如，结合海南国际旅游岛建设、结合中国与东盟贸易发展的需要，有针对性地开展外语翻译技能培训，特别是海南各大学应根据复合型外语翻译人才培养的目标要求，重点培养学生经济贸易、国际旅游、海南本土文化传承与宣传等方面相关外语的实践技能，不断提升海南高层次外语翻译人才的实践能力。再如，各高校应积极融入大型国际会议、会展的具体工作中，让学生参与志愿者服务，进行简单的联络、导游、陪同翻译等服务，不断提高他们的实践、实战经验；加大校内语言实践实验室投入，加强校企合作，共建专业实践人才基地，多方面满足外语翻译人才培养的技术需求。通过以上方式，最终实现复合型人才培养目标，凸显

"重基础、重应用、重实践"的外语翻译专业特色。

（三）政府应加大政策力度，扶持和引导培训机构扩大规模，提高翻译质量

从市场监管的角度来看，政府应规范翻译服务、培训市场。翻译服务、培训公司应严格市场准入制度，翻译人员应持证上岗。从政府支持的角度来看，政府应给予政策帮助或指导。比如，针对有国际会议时必须从外省请高翻的尴尬局面，政府应重点引进或组织翻译公司培养一批高层次的外语翻译人员。再如，政府可以引导内地的大型翻译公司与海南的翻译公司合作，扩大规模，提高翻译质量，培育海南本土的外语翻译人才。当然，我们更希望海南省政府能加大人才引进与留住人才的政策支持，达到高端人才请得进、培养人才留得住的良好局面。

（四）不断加强高校外语翻译师资队伍建设，改进和创新教学方法

外语翻译师资队伍的建设和水平是保证外语翻译人员质量提高的关键。海南应实行引进来、走出去的发展思路：一是各高校应借建设美好新海南之东风，大力引进国内外翻译专家、翻译名师和有丰富经验的翻译人才，也可以邀请一些国内外翻译专家来学校进行指导交流；二是让外语教师走出去，教育管理部门和高校应提供教师走出去进修学习、培训和提高学历的机会，让教师到国内外名校和名企实践锻炼，不断丰富翻译经验。在改进和创新教学方法上，我们认为各高校应做到改进外语翻译课程的设置，在外语翻译专业课的基础上，增设国际贸易、金融市场、法律、旅游、物流等课程，帮助学生拓宽知识面，不断提高专业术语的习得。同时，把以往满堂灌的教学方式改为"工作坊"的教学方式，充分调动学生的自主性，学生分组合作，在完成翻译任务后可以在班级展示，最后老师进行客观点评。教师要及时吸取市场信息，把最新最前沿的翻译素材提供给学生，通过精心设计的课堂，通过模拟真实的翻译场景，在教学中就尽量做到与岗位相融合，以实现高层次翻译人才的培养目标。

三、结语

海南作为我国国际经济区域合作的重要枢纽，"一带一路"倡议、国际旅游岛建设战略、中国—东盟自由贸易区的建成等均给海南带来了发展机遇和无限的商机，海南应牢牢抓住这难得的机遇，教育管理部门和各高校应同

时发力，不断加大外语翻译人才，特别是高层次外语翻译人才的培养力度。另外各高校和翻译公司应积极参与到博鳌亚洲论坛、中国东盟博览会、"一带一路"国际会议等大型会议、会展的翻译工作中，担负起翻译和沟通的重任，为美好新海南的建设添砖加瓦。

参考文献：

[1] 林丽霞.应用型本科院校复合型外语翻译人才培养模式探索［J］.重庆科技学院学报，2010（14）：173-175.

[2] 陈亚杰."一带一路"背景下翻译人才需求分析及启示——以内蒙古MTI人才培养为例［J］.当代外语研究，2017(6)：90-94.

[3] 黄丽鋈.中国—东盟视角下广西外语翻译人才培养研究［J］.广西社会科学，2015(6)：39-43.

[4] 李兰.本科院校复合型外语翻译人才培养模式研究［J］.课程教育研究，2017(30)：33-34.

[5] 何玲.中国—东盟背景下广西外语商贸人才培养现状及对策［J］.教育与职业，2014（30)：113-114.

[6] 杨大霈，温建兰，谢欣.少数民族地区应用型翻译人才培养探究［J］.通化师范学院学报，2017(2)：81-84.

关于"一带一路"沿线国家留学生汉语语音教学的思考

曹培培①

(海口经济学院中广天泽传媒学院，海南海口 571127)

摘要："一带一路"沿线国家留学生汉语语音教学，是传播汉语言和中国文化的重要途径和载体，将进一步促进中国与相关国家和地区开展交流与合作。留学生汉语课堂教学需从理论知识逐步过渡到实践练习，讲授过程化繁为简，激发学生学习兴趣，取得良好的教学效果。教师要努力丰富"互动式"教学环节，强化教学反馈，并注重培养学生的口语表达能力。

关键词："一带一路"；汉语语音教学；思考

一、前言

随着"一带一路"倡议影响力的不断扩大，中国文化和语言越来越受到人们的关注，很多"一带一路"沿线国家掀起了"汉语热"，特别是年轻人，渴望通过学习汉语，加深对中国文化的认识，加强与中国青年的交流。很多高校都招收了留学生学习汉语。汉语的发声是学习汉语的基础，是检验汉语学习成果的重要标准，具有重要意义。汉语教学老师是留学生汉语学习的第

---

①曹培培，女，海口经济学院中广天泽传媒学院讲师，研究方向：播音与主持。

一位启蒙者，教学成果直接影响留学生对汉语学习的兴趣、对中国文化的深入研究，所以汉语教学课堂需体现"简、严、活、博"的特点，真正为留学生学好汉语铺好第一块石子。

二、教师需在课堂教学中力求化繁为简

汉语语音教学所用教材中对声、韵母发音部位，发音方法，声调、语流音变等内容的讲授往往用词过多，语言冗长，留学生理解起来常常抓不住要领，这就要求教师要化繁为简，简明扼要，有以下几种方式可使教学内容简易、明晰。

（一）巧编口诀，启发学生

口诀要求朗朗上口，便于理解，这对声、韵母的学习格外有效，如"ɑ"音编为"舌位央低不圆唇，标准音位要牢记"，"o"音为"口腔略窄舌面卷，两唇收敛嘴角撮"，"ɑo"音为"ɑ音靠前舌位高，o音稍低唇略圆，后音前发记心间"，气息学习总结为"气下沉，收小腹，两肋开"，这样便于留学生记忆，也可更好地实践运用。

（二）多用手势，引导学生

手势的运用可直观使留学生看到你的讲述意图，如声调学习部分，学生往往音值不到位，运用手势可以较好地引导他升降声音，收到良好的教学效果；气息讲授时，可以用手势模仿胸腹式呼吸的状态和气息流动的方向，口腔的开合状态也可以用拳头的变化来表示，使抽象的东西更加具体，更易使留学生理解。

（三）固定发声位置，简化学生思考过程

普通话韵母的学习往往要求学生仔细体会发音位置，夸张的固定发声位置可以使留学生体会舌位的变化、口腔张合的限度等过程，特别是中响复韵母的学习，由于每个音动程较大，学生容易吞音，所以用固定发声位置5到10秒钟的时间，可以简化学生的体会过程，收到良好的韵母学习效果。这种练习方式还可以使留学生尾音收音的准确度得以提高。

三、教师自身需严于律己，增强双语教学能力，做语音模范

中国教师教授留学生的不只是发音的技巧，也要努力把中国文化的精髓传递给学生，特别是良好的道德情操。留学生们不但要具备汉语的表达能力，

还要拥有高尚的人格，因为他们的一言一行将影响外国对中国教育的认知。作为讲授留学生汉语课程的教师更需在教书中不断提高自身综合素质，成为模范。

（一）汉语语音教师要严于律己，守时，讲诚信，注意人格魅力对学生的影响

作为讲授汉语发音的老师，特别要做到在课堂内外讲标准普通话，严格要求自己，做语音模范。学生的模仿性较强，老师往往是他们学习的模范，老师的一言一行对学生的影响是巨大的。

（二）要注重知识的宽度

汉语教学是一门综合的艺术，教师要注重知识的宽度，特别是英语的口语表达能力，能够做到双语教学。多看关于汉语拼音发展的书籍，做到对普通话语音史、汉语语音史等知识都成竹在胸，才能总结出教学的技巧。

（三）要在课堂之外下功夫

教师要对每个学生的国籍、格言、爱好和常见语音问题都有详细记录，力求让每个学生的特点在教师心中明晰，并建立学生基础语音档案，使自己真正了解学生。教师还要在课下对留学生的性格进行分析，内向的给予鼓励，自负的给予劝导，使日常知识授课与学生个性结合起来，才能收到积极的效果。由于汉语语音学习中，学生对自身问题的修正还要时间去感悟，课下学生发现问题较多，教师应公布自己的电话、邮箱、微信等，使学生课下可以通过多种途径和自己进行探讨，增强师生之间的信任感。同时，鼓励留学生和本校的中国学生交朋友，鼓励他们参加各类社团，提升语言能力，促进课堂教学质量的提升。

四、注重课堂教学方式的灵活性

留学生的汉语教学，要突出趣味性，增强留学生的学习兴趣。课堂教学不要只局限于单纯的填鸭式，可以用师生对话式、一帮一式、情景模拟式等方式进行，用表演的形式，让汉语口语教学生动化。

（一）师生对话式

即教师与学生进行对话练习。可以按照课文原句，教师与学生集体对话；另一种是教师与学生单独对话，这种形式的对话，主题不变，但提问的难易程度视学生水平而定，程度高者难些，程度低者则易。运用此种形式时，教

师要注意自己问话的语调和速度，注意循序渐进，逐渐过渡到正常的说话速度，使学生逐步适应日常生活中谈话的语调和语速。

（二）一帮一式

这种形式如在教师熟知本班每个学生基础水平的情况下进行效果最佳。教师将本班学生按照好中差水平分成两人一组，既调动了好学生的积极性，又帮助和促进了较差生，达到好中差齐进步的目的。学生之间接触自然，紧张与拘谨感就会减少，同学之间会形成自然的互帮互助，学生也很喜欢这种一对一的对话形式。

（三）小组交流式

即将学生分成若干个小组，教师规定1—2个题目，让学生在小组中交流对话。运用这种形式时，教师要注重引导作用，必须轮流出现在每个小组中，听取学生的会话，及时纠正误音病句，如不及时予以纠正，学生会形成难以改正的弊病。

（四）表演式

教学中运用道具模仿真实生活进行表演会话，如给妈妈打电话、去商店买东西、去饭馆吃饭、路遇、到宿舍找人等等。学生们分别扮演不同的角色，既有实物，又身临其境，富有真实感。学生们极其投入的表演得到了交际语言的实际锻炼。

（五）录音式

在课堂上将学生的对话或朗读用录音机录下来，而后再放给学生自己听，让学生及时听评自己的声音。教师及时指出其声调和语气或是语法的不当之处，并让学生将正确的重复1—2遍，以形成正确的记忆。

（六）评分式

对学生的对话和朗读给出评分。分数的刺激能引起学生的高度重视，并促使他们在对话前进行充分的准备。可以由教师自己打分过渡到学生评委一同打分，因为评分只是刺激的手段，而锻炼学生能够准确地用汉语进行会话、判断正误才是真正的目的。

五、尖子生培养，突出"领头羊"效应

在语言类教学中总会出现教师在问题少的学生身上用时少，而在问题多的学生里用时多，忽视了尖子生的领头羊作用。汉语语音教学中特别注重对

语音环境的营造，尖子生对全组甚至全班都有影响，这要求教师做到要善于发现尖子生，对那些领悟力较好的留学生，教师应该多花心思设计他们的专业学习，让他们扬长避短，学习语言之路有所拓宽。教师应在本阶段让他们"吃饱吃好"，还要鼓励他们在课下对下个阶段的知识提前学习。鼓励优秀的学生多到实际生活中运用汉语，动员他们在班级中、在寝室生活中帮助同学们建立良好的汉语语言环境，以自己的专业钻研精神带动其他同学学习的积极性，真正突出他们的"领头羊"作用。

六、气息运用知识可以融入教学

丹田气和汉语运用结合，可以使学生的发音更加清晰圆润。教师可在开学初就抽出部分课时，讲授胸腹式联合呼吸，通过形式多样的练习，让学生体会"气下沉、两肋开，小腹收"的状态，让留学生明白基础运用方法，让他们在日后的声韵课程学习中实践运用。这样可以增强声音运用的力度，在情感丰富的稿件朗读中增强声音的综合表现力，使教学收到事半功倍的效果。

七、将汉语水平考试知识融入课程

很多留学生期待参加汉语水平考试来检验自己的汉语学习水平，这类考试有大纲和指导用书，但是也要有一定的技巧才能通过考试。老师可以鼓励留学生积极参与等级考试，并在课程中适当讲授考试技巧，将日常学习和考级结合起来，按照不同级别的大纲，开展模拟考试等活动，帮助留学生顺利通过汉语水平考试。

八、教学考试方式需不断完善

汉语学习是听、说、读、写综合认知的过程，考核项目也要全面兼顾，不能只设口语考核，还应该在考试中加入笔试，以求达到书写能力和口语能力共同考核的目的。通过笔试考试的锻炼，使学生对汉语书写能力的重要性更加明确，鞭策他们日后更加认真地开展汉语学习，取得更加优异的成绩。

参考文献：

[1] 周晓楠.应对对外汉语语音教学中存在问题的思考 [J] .文教资料，2018(2):21-22.

[2] 刘熙檬.体态语在对外汉语语音教学中的应用研究 [J] .中国民族博览，2015(10):119-120.

[3] 宋颖.对外汉语语音教学的儿化与轻声问题研究综述 [J] .科技信息，2011(1):178.

[4] 朱博.浅论对外汉语语音教学 [J] .内蒙古民族大学学报，2012(1):138-139.

[5] 孙云霞，孔令宇，曲静.浅谈对外汉语初级阶段语音教学策略 [J] .邢台职业技术学院学报，2018(4):21-24.

[6] 王欢.对外汉语课堂语音教学策略窥探 [J] .现代语文（教学研究版），2014(7):17-18.

服务"一带一路"建设工程的国际化外语人才培养研究

唐春珍①

（海口经济学院外国语学院，海南海口 571127）

摘要：自从我国实行改革开放以来，我国的对外开放程度有了很大的提升。在这种背景下，我国在世界上的影响力也不断增强，这些成就都是我国国民引以为豪的。但是近几年我国的经济展现了缓慢发展的趋势，经济的发展与资源、生态环境之间存在的矛盾越来越突出，现有的物质条件不能够很好地满足我国国民的真实需求，这在一定程度上影响了我国提升自身的经济实力。在这种形势下，习近平总书记提出了具有很深影响力的"一带一路"倡议，希望通过 21 世纪"丝绸之路经济带"以及"海上丝绸之路"来实现我国经济的增长，实现经济的转型。文章在"一带一路"的基础上，对国际化外语人才的培养进行分析与研究。

关键字：国际化外语人才培养；"一带一路"；复合型

习近平总书记提出"一带一路"倡议，力图通过这一 21 世纪的"丝绸之路"和"海上丝绸之路"经济带的发展，实现中国经济增长方式的转变，促

①唐春珍，女，海口经济学院外国语学院副教授，研究方向：英语教学、语言应用。
基金项目：2017 年海口经济学院校级科研重点课题（项目编号：hjkz17–08）。

进中国产业转型等方面的加速，加强中国与世界各国尤其是周边国家的包括经济贸易在内的各方面交流与合作，在世界范围内建立以中国为主要推动力的区域经济政治发展新模式。而在这一必将载入史册的经济战略格局中，国际化外语人才作为重要的人才资源，将会起到不可低估的作用，也是国家未来重点培育的对象。"一带一路"发展战略对国际化外语人才提出了更高的要求，高质量的国际化外语人才能够在"一带一路"发展战略实施中发挥重要的推动作用，不管是与周边国家进行经济贸易等交流工作还是增加我国在世界上的影响力都需要国际化外语人才。随着"一带一路"发展战略的不断推进，我国在未来会更加需要专业技能比较强的国际化外语人才。但是，现阶段的形势不容乐观，高质量的国际化外语人才还是处于匮乏的阶段。同时，接受过高等教育的国际化外语学生受到应试教育的影响，在口语交流能力方面还存在很大欠缺。因此，在未来的发展建设过程中，应该注重培养综合素质高的复合型英语人才，培养出高质量的国家化人才，更好地服务于"一带一路"建设工程。

一、"一带一路"倡议的内涵以及意义

"一带一路"倡议是习近平总书记在我国经济逐渐变缓的形势下提出的战略方针。"一带"是指"丝绸之路经济带"，"一路"是指"21 世纪海上丝绸之路"。而"一带一路"从根本上来说是在新的经济形势下中国通过增加与周边的国家地区的经济、文化交流和合作来推进新的区域化合作模式的发展。实施"一带一路"建设能够促进我国经济的发展、国家文化之间的交流以及政治互相理解，在能源、生态、金融以及经贸等多个领域都能够互相合作，实现彼此共赢。"一带一路"倡议具有很深远的影响力，涉及全球将近 1/3 的国家，而从中获益的人口数更是达到了全球人口的 2/3，对涉及的国家有着很长远的意义。简单来说，"一带一路"倡议是伴随中国新一轮改革开放提出的长期而宏观的经济发展规划，对于促进地区之间合作交流的加深，构建区域合作的崭新模式，乃至促进所有参与国与地区包括经济在内的长远发展，具有重大意义。

二、"一带一路"倡议下国际化外语人才的发展前景

实施"一带一路"倡议最重要的就是与周边国家地区进行交流合作，在

这个过程中，高质量的国际化外语人才起到了很重要的作用。为了加强我国与其他国家和地区之间的合作交流，并且与国际接轨，很多高校把培养人才作为首要任务，越来越重视国际化人才培养。另外，外语专业不断进行教学改革，将培养高端国际化外语人才作为发展目标，在教学过程中，不断加强与其他国家和地区之间的交流，实行国内与国外的留学生交换，并且致力于国家之间的学术交流，在不断的实践过程中探索出符合自身情况的教学模式，培养出符合国际市场需求并具有专业特长、综合素养以及国际合作背景的国际化高等人才。

三、"一带一路"建设对国际化外语人才的要求

（一）综合素质比较高的国际化外语人才

由于"一带一路"建设的发展需求，我国着重培养的国际化外语人才应该具有比较高的综合素质。可是在高校教育的过程中经常会出现应试教育的现象，学生只注重于在考试中取得比较高的分数，却没有注重培养自身的口语交际能力等综合素质。"一带一路"建设要求外语人才具有基本国际化交流能力以及比较强的业务操作能力，不仅能够与合作的外方人员进行畅通的交流，还应该能够促进双方业务的发展。此外，除了一些基本的专业技能，高端的国际化外语人才还应该具有很强的应变能力和比较高的工作效率，在遇到突发情况时可以冷静处理，能够顺利处理交流合作过程中的各种复杂事情。

（二）创造力比较强的外语人才

在现代社会中，企业之间的竞争归根到底是人才的竞争，创造力比较强的人才能够在很大程度上增加企业的实力，具有创新力的企业能够在市场的竞争中获得更多优质的资源和优势。在"一带一路"背景下，具有创新力的人才能够在实际过程中发挥自身的优势进行科研和创新，能够推动企业更好地发展，让企业在技术、品牌和服务方面给人耳目一新的感觉，在这些领域中增强自身的优势。这些具有创新力的人才从根本上来说是具有很大的潜在价值的，在推动"一带一路"建设更好地发展的过程中起到了很重要的作用。因此，在未来的发展过程中应该注重培养这类创新力比较强的国际化外语人才。

（三）管理能力比较强的人才

在"一带一路"建设不断推进的过程中，企业与企业之间的交流越来越

频繁，但是在大多数的情况下进行交流和合作的是企业中管理能力比较强的管理者。因此，在这个过程中对管理能力比较强的国际化外语人才有了更高的需求，因为他们在企业与企业交流合作的过程中不仅具备畅通交流的能力，还具备在管理方面很强的能力，特别是在促进企业之间相互理解方面，沟通是非常有必要的。

（四）专业性比较强的国际化外语人才

在"一带一路"的发展过程中，培养出高素质的国际化外语人才是非常有必要的，在这个过程中对培养人才提出了更高的要求。培养的学生不仅需要具有基本畅通的交流能力，还应该具备一定程度上的专业素养和技能，仅仅掌握英语知识已经不能够满足现代社会的要求，培养对某一领域学有所长的应用型外语人才已经成为一种趋势。这些外语人才有着在某一个领域的专业知识储备，能够为打开市场贡献很大的力量。因此，在这种大背景下培养具有国际竞争力的高素质人才势在必行。

四、"一带一路"背景下国际化外语人才培养战略

（一）确定符合需要的外语人才培养规划

自从"一带一路"倡议提出以后，国家对于外语人才的培养非常重视，同时这也是很多高校非常重视的一个问题。具有更多技能的高端国际化外语人才总体比较稀缺，因此在培养这些人才的时候，高校首先要做的就是制订出符合当今社会真实需求的人才培养计划，并且在不断发展的过程中将这些计划落实在实际情况中。这个过程的第一步就是调查我国在未来经济的发展过程中对哪些领域的专业外语人才需求量比较大，确定好重点培养的对象，这些人才包括综合素质比较高的外语人才、创新能力比较强的专业外语人才以及管理能力比较强的专业外语人才、具有很高的专业素养的应用型外语人才。其次，在发展过程中还应该对国际化外语人才培养的方案及时地进行调整，根据社会的真实发展做出改进，使得培养出来的人才能够更加符合市场的需求。

（二）提升外语教师综合素养和职业技能

对于培养学生的外语能力以及专业技能来说，教师起着非常重要的作用。外语教师的职业素养、专业技能、英语水平以及为人处世的态度能够在很大程度上影响学生。为了能够使得培养出来的学生更加符合社会市场的真实需

求，外语教师应该不断提升自身的职业素养以及外语能力。外语教师应该在专业技能方面不断提升自身的能力，不断培养自身的"终身学习"的意识。教师虽然只是一份工作，但是身上还肩负着很大的责任，应该在不断实践的过程中提升自身的专业技能。尤其是在对外语人才需求越来越大、要求越来越高的现代社会市场，如果教师没有具备这样的能力就不是一个合格的教师。

（三）培养出符合国家真实需求的外语人才

当前我国培养人才方式还存在很多问题。首先来说，我国高等教育存在的最大弊端就是让学生形成了应试教育的思维意识。学生在学习的过程中更加关注的是自己获得的分数，对于将自身学到的知识如何运用到实际过程中没有进行考虑，这也是现代社会中存在的"只会说不会做"现象。这种现象在很大程度上影响了我国社会经济的发展，尤其是在现代社会这样的大背景下，与外国的企业交流合作的机会越来越多，因此我们应该抓住这样的机遇，为更好地服务"一带一路"建设工程培养出更多具有专业素养以及应用型的国际化外语人才。培养的过程应该与实际情况接轨，对市场真实需求的外语人才进行调查，深入地了解和分析国家和社会在教育和使用外语人才方面的具体情况。综上所述，我国应该培养出适应"一带一路"建设工程的高端人才。

1. 语言学习与应用相结合

在外语的学习过程中，不应该只注重学生卷面的分数，一个重点的方面就是将语言与实际应用相结合。外语不仅仅是书写，更多的是应用在实际情况中。因此在实际培养过程中，学校应该更加注重学生对外语的应用能力，在课程设置上进行一定程度的改革，使得课程中更加重视书本语言的课程减少，增加更多应用外语的课程，帮助学生在学习的过程中获得更多的经验。同时，还可以通过举办讲座以及竞赛的方式来提升学生的外语应用能力。

2. 语言学习过程中加强与母语使用者之间的交流

语言的学习过程更加注重应用过程。对于语言学习来说，最为有利的途径就是增强学习者与母语使用者之间的交流。对于外语人才的培养过程来说，高校的大学生是最为重要也是最为主要的培养对象。但是在"一带一路"建设的实施过程中，不仅需要大学生具备很好的专业素养，参与到过国际交流合作过程中的对象都应该具有很好的专业素养。在这种情况下外语的学习应该增加与母语使用者之间的交流，这样才能够在很大程度上得到提升。

五、结束语

"一带一路"是国家进一步扩大开放的集中体现,未来与中国会产生经济等各方面交流和接触的国家多达数十个,对于中国、亚洲、欧洲乃至世界经济政治形势都将产生深远而重大的影响。在这样的背景下,作为此项经济战略中的重要资源,外语人才的作用不可低估,尤其是具有综合能力、创造能力、管理能力和专业应用能力的国际化外语人才,更是未来市场需求的重点。这些具有高素质的国际化外语人才在推进国家"一带一路"建设工程的过程中发挥着很重要的作用。因此,在培养国际化外语人才的过程中应该积极朝复合型方向努力,这样才能够在一定程度上推进我国国民经济的发展,产生深远而意义重大的影响。

参考文献:

[1] 戴炜栋.我国外语专业教育的定位、布局与发展 [J] .当代外语研究,2013(5):43-49.

[2] 贺宇涛.区域经济发展对外语人才的需求分析 [M] .北京:北方经贸出版社,2012:76-93.

[3] 蒋道超.培养外语人才服务"一带一路"战略 [N] .人民政协报,2015(6):11.

[4] 陆莺.从对立到融合:复合型英语人才培养的多元转型 [M] .上海:上海外语教育出版社,2009:34-40.

[5] 王艺静.一带一路背景下国际化外语人才培养研究 [J] .高教学刊,2016(9):60-61.

关于海南省实施全域教育岛建设的对策建议

孙启明①

(海口经济学院经济贸易学院，海南海口 571127)

摘要：文章对海南国际旅游岛的国际化水平问题进行了广泛深入的研究。系统总结了海南省旅游岛国际化的现状，指出了存在的五大问题及其原因链，同时提出了以建设大学城或综合教育园区为龙头的七大对策。

关键词：全域教育岛；大学城；高教园区

一、提出以建设大学城或综合教育园区为对策龙头的背景和思路

我们对海南省国际旅游岛建设发展中的五大问题链进行了分析。

---

① 孙启明，男，海口经济学院经济贸易学院院长，教授，研究领域：区域产业协调发展。

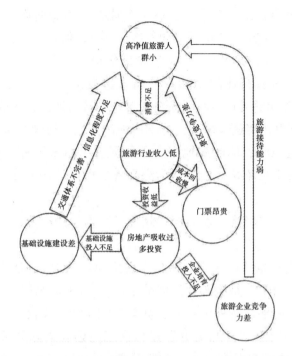

图 1　海南国际旅游岛建设中五大问题的成因链

问题一：高净值旅游人群小，旅游收入少。

2015 年海南省旅游外汇收入 2.48 亿美元，入境游客 60.84 万人次，旅游外汇收入占全省 GDP 的比重 0.42%，国际游客人均消费 407.4 美元。广东省 2015 年旅游外汇收入达到了 178.8 亿美元，入境游客 3450 万人次，人均消费 518.4 美元。台湾地区 2015 年入境旅游人数达到 751 万人，除去约 344 万中国大陆游客，国际游客人数约为海南的 7 倍，国际游客的人均消费为 1378.2 美元，是海南国际游客人均消费的 3 倍多。

问题二：基础建设不完善。

2015 年海南省每平方千米内的等级公路里程为 0.75 千米，排在全国第 16 位。贵州和云南分别拥有 7 个和 10 个民用机场。台湾的公路网密度为 1.17 千米/平方千米，民用机场数达到 11 个，除了本岛的台北、高雄、台中等大城市都有大型机场外，澎湖列岛、绿岛和兰屿几座外岛也都有小型机场。海南省拥有三亚和海口 2 个民用机场，博鳌机场使用率低，国际航线 45 条，较 2011 年 71 条减少了 36.6%，高速公路总里程为 800 千米。2015 年海南省互联网普及率为 51.6%，广东省则已经达到了 72.4%。

问题三：房地产吸收过多的投资，且步入死胡同。

2015 年海南省投资结构中旅游相关行业投资中交通运输业投资额最大，仅占到总投资额的 13%，住宿餐饮业其次（4%），信息产业投资不足 3%，而金融业投资不足 0.06%。房地产业是投资额最多的产业，占到总投资额的 56%，超过其他所有行业的总和。外商直接投资中房地产业的比例更高：2015 年 15.7 亿美元的外商直接投资中有 83.1% 被房地产业吸收，从近五年的趋势来看这一比例还将逐步增加。低端房地产开发被近 80% 的岛外居民购买，淡季闲置率接近 80%，因此房地产业未能促进高净值旅游人群的稳定流入，对整体经济发展贡献不足，由此认为海南省房地产业步入死胡同，难以形成良性循环。

问题四："门票经济"发展模式割断了可衍生的产业链，阻碍了旅游业可持续发展。

2015 年海南各景区收入中门票收入占比为 46.8%，高居全国第二。"低门票"甚至"零门票"是旅游业发展的主流，"门票经济"的盈利模式不仅不能高效提升目的地旅游外汇收入，甚至影响旅游业发展。与台湾主要景区门票价格相比差别显著，海南主要知名景区门票收入除了天涯海角外都在 100 元以上，台湾的日月潭、太鲁阁都是免门票，出于保护文物、限制参观人数的目的，台北故宫博物院的 50 元票价是台湾门票价格最高的景区。但海南省国际游客人均消费 407.4 美元，台湾国际游客的人均消费为 1378.2 美元，因此"门票经济"阻碍了海南省国际旅游业发展。

表 1　海南与台湾主要景区门票价格（单位：元）

海南	蜈支洲岛 168	南山 145	天涯海角 85	呀诺达 185	亚龙湾 170	槟榔谷 120
台湾	日月潭 免费	阿里山 40	太鲁阁 免费	鹅銮鼻 12	故宫 50	绿岛 免费

汇率按 1∶5 计算

问题五：旅游企业规模小、管理水平低、竞争力差，且分布不合理。

高档饭店比重过高，布局明显不合理。2015 年海南省共有 123 家星级饭店，数量在全国第 28 位，其中包括五星级饭店 24 家，占总星级饭店数的 19.5%，该比例在全国范围内仅次于上海。三亚和海口两地拥有全省 60% 以上的星级饭店。星级饭店旅游营业收入达 99.6 亿元，占住宿业总收入的 98.1%。台湾 2015 年上半年国际观光旅馆（高档酒店）总收入与一般旅馆及民宿收入各占 50%，表明小型特色民宿在国际旅游市场上受到越来越多追捧，住宿业服务正朝差异化、多元化方向发展。

二、以建设大学城或综合教育园区为聚集高净值人群的具体对策

经过比较分析，我们认为：五大主要问题相连且根源相同，即稳定的高净值的旅游人群偏少→直接降低了旅游业收入水平→从而引发旅游相关企业需要尽快收回投资成本而提高住宿和门票价格→同时省内投资以及外商直接投资因投资收回周期长而转向了收益高、短、平、快的低端房地产行业→这就进一步压缩了基础设施建设和优质旅游企业培育的资金投入和人才培养机会→基础设施建设差、配套差、高中低接待能力不均衡且不足、门票价格过高→成为吸引高净值人群的最大阻碍。这样就形成了一个问题群或称之为"死循环怪圈"（见图1）。因此，要提高海南国际旅游岛国际化水平和区域活力就要抓住问题的"牛鼻子"，找到解决死循环的金钥匙，从问题源头入手，走出怪圈。基于此，我们认为，打破这个死循环的关键就是要增加高净值人群的存量；而集聚高净值人群最有效、最快速、最可行的对策就是在海南各市县区镇实施"全域教育岛"战略。具体说，就是在现有海口桂林洋与三亚荔枝沟两个大学城的基础上，在国内已有几所高校进驻的基础上，在全省多地已引入小、幼、中教育资源的基础上，再布局建设10—20个大学城或教育园区。如果按高净值人群人均年综合消费至少5万元的经验数据计，则一个园区平均2万人，建设10个园区消费将达到100亿元，占海南省GDP总量约10%，如果再算上高净值人群消费的乘数效应，将占到全省GDP的15%。

实施"全域教育岛"战略具体有以下政策建议：

（1）政府主导每个市县成立"招教"工作小组，一把手任组长。根据各地资源禀赋和区位优势下达任务，组团分赴国内外引进知名院校，全力推进海南省全域教育建设目标并根据完成任务情况制定奖惩制度。

（2）园区建设投资方式可根据各不同情况因地制宜采用筑巢引凤、引进外资建设、合股合作等多种形式；可以学校或政府单方投资模式、共同投资模式或引入PPP的三方投资模式。

（3）地方与院校的合作模式有分校引进、学院引进和学期引进三种。地方政府应保障大学城和教育园区周边的配套设施建设和服务体系的完善。

（4）发挥海南"冬可避寒、夏可避暑"的气候优势，推行"海南学期"模式，与内地南北方形成错期互补。合作学期模式由地方政府在市内建设校区，与多个学校合作，鼓励内地北方院校每年11月至次年3月来海南进行教

学活动；鼓励内地南方院校每年 5 月至 9 月来海南进行教学活动，实现海南与内地南北方气候的互补和互换。

（5）出台各种优惠政策。比如高校教育使用土地优惠政策、税收政策、住房补助政策，学生及教师的机票、高铁票、汽车票、景区门票等半价或免费的优惠政策，等等。

（6）地方政府在校区建设中引导使用已建成的空置商品房。对于处于空置状态的已售房屋实行整体包租，统一装修，再转租给院校做学生宿舍使用，对于不愿出租的空置商品房的业主收取"空置税"。

（7）海南资金也可以适机走出海南，去内地做差异化学期建设投资。与北方地区院校合作办学，引导海南岛院校在夏季去凉爽地区进行教学活动，实现海南与内部省份教育互动发展。

（8）完善基础设施建设。以重点补贴国际航线的形式增加国际航班的航线数、里程数和客运量等。加强与内地的交通往来，加快琼州海峡跨海大桥、海上高铁建设。限流政策为跨海大桥只允许通行新能源汽车，在岛内要做好新能源汽车的配套设施建设。提高博鳌机场提高使用率；岛中部五指山市适合建设小型机场；加快西部地区、离岛岛屿机场前期勘察规划工作。运营模式上以海航集团为主导在岛内建设廉价航空体系。加大对沿海观光公路的投入，有利于延长游客旅游行程，带动公路沿线地区旅游发展。

（9）加强岛内信息化建设，实行大学城和高教园区的 Wi-Fi 全免费覆盖。利用建设国际旅游岛的政策优势加快部署 5G 网络。打造"大数据+大旅游"的服务模式。统筹各方资金、信息、科技和人力资源，加快推进大数据、云计算、物联网等新兴信息技术应用于旅游业，以智能交通、智慧城市和智能医疗带动全域旅游发展。

（10）走出门票经济陷阱，打造旅游综合收益链。探索旅游业盈利新模式，优化收入结构，从食、住、行、购、娱五个方面优化旅游产业链上各节点的盈利水平。

参考文献：

[1] 蔡星媛.以"旅游+"提升全域旅游品质 [J].中外企业家，2018(24):234.

[2] 刘开敏.全域旅游发展观与新时期旅游业发展 [J].经营管理者，2018(12):74–75.

[3] 张国臣."一带一路"背景下海南省国际教育发展审视 [J].海南热带海洋学院学报，2017(1):118–122.

[4] 胡新宇.法国提升其在国际教育市场竞争力的策略分析 [J].兰州学刊，2010 (5):144–146.

"一带一路"建设中教育交流与合作的困境及对策

侯永振[①]

（海口经济学院中广天泽传媒学院，海南海口 571127）

摘要： 党中央统筹国内国际格局的方式就是建设"丝绸之路经济带"与"21世纪海上丝绸之路"，从"中国梦"以及"两个一百年奋斗目标"出发，做出重大的战略布局。"一带一路"当中所提倡的教育交流合作是重要的软联通的构成部分。区域性教育合作、多种教育交流载体、长久的教育交流传统，给我国与"一带一路"周边国家的教育交流与合作带来重要的作用。可是多种民族语言文化、复杂地域环境以及高低不一的教育基础，给我国与"一带一路"沿线国家的教育交流与合作带来了阻碍，所以，为了进一步增强与"一带一路"沿线国家的教育交流与合作，提出了相应对策，促使我国与"一带一路"沿线国家教育交流与合作的进步与发展。

关键词： "一带一路"；教育交流合作；困境；对策

我国古代张骞出使西域，开辟了古丝绸之路。伴随着航海业以及海上贸易的盛行，也慢慢形成了海上丝绸之路。陆上丝绸之路与海上丝绸之路在促使世界文明传递、交流与融合，深化沿线各个国家在经济、教育等领域的交

---

①侯永振，男，海口经济学院中广天泽传媒学院讲师，研究方向：艺术学。

流与合作当中发挥出巨大的作用。现如今，我国正处在全面扩大改革开放、着力实现"中国梦"的关键时期，丝绸之路蕴含了新的时代内涵，"一带一路"倡议应运而生。习总书记指出："推进'一带一路'建设，始终坚持经济合作与人文交流一同推进，推动我国与沿线国家教育、旅游等人文交流，促使其提升到新的水平。"在如此大的世纪系统工程中，我国教育要秉承艰巨使命，保持主动的态度促使与沿线国家之间的教育交流合作，培养人才，努力引领"一带一路"建设。

一、"一带一路"建设中教育交流与合作的困境

（一）复杂的国际政治经济环境

现如今世界政治经济格局变化越来越复杂，随着经济全球化、区域经济一体化的深入推进，多种全球性问题凸显出来，直接对人类社会生存发展带来了不稳定影响因素。国际政治领域当中依然存在一超多强的现象，中国、印度等新兴大国崛起，多国之间的力量对比更朝着均衡化的方向发展，世界多极化的形式越来越显著。另外，亚非拉地区多个发展中国家的国际影响力也在逐渐上升。主要的几个大国以及新兴力量综合国际形势的变化情况，对国内外的政策进行了调整，互动也越来越频繁，综合国力的竞争愈演愈烈。而在国际经济方面，进入 21 世纪以来，世界经济格局快速进入了大动荡、大调整的时期，世界经济增长的不稳定因素逐渐增多，全球贸易、投资局面都存在着巨大的变化，亚欧国家正处于经济转型的关键时期，经济发展面临着巨大的挑战。

（二）复杂的地缘环境

"一带一路"提倡亚太与欧洲经济圈连接起来，沟通亚欧非三大陆，框架内部的交流合作肯定会受到沿线复杂的地缘环境所影响。从地理环境上来看，"一带一路"与民族宗教的矛盾十分复杂。这些地方的国家在历史当中就由于种族以及宗教的问题激起过矛盾与冲突，加上巨大的经济危机，经济发展越发困难，导致恐怖主义、极端主义等产生，频繁出现武装冲突。沿线的国家面对重大问题的想法也存在不同，加上原先的矛盾冲突，将会给交流合作带来影响。

（三）教育体制差异较大

"一带一路"沿线中，存在着资本主义与社会主义、发达国家与发展中国

家之间的区别，所以由于国情不同，教育体制也存在非常大的差别。此外，因为每一个国家的教育处在不一样的发展时期，各国在教学水平、师资队伍、优势学科等领域也有差异，所以在教育交流与合作的过程中，急需将准备性工作做到位。正因为教育体制的不同，也促使合作双方在课程、学分、学历、资格互相认证方面存在很多困难。

二、"一带一路"建设中教育交流与合作的对策

(一) 加强语言和人文沟通

由于我国国内的高校针对"一带一路"沿线国家的有关语种专业不多，根本不能满足国家用人需要，所以要大力加强培养非通用语种的人才。第一，增强顶层设计工作。依靠教育部小语种专业指导委员会的专业力量，与有关部门联合起来，以缜密的论证考察行业所需要的非通用语言的人才，不但要满足"一带一路"建设对非通用语言人才的需求，还要将有关的语种人才的储备工作做到位。第二，语言人才培养以及有关国家的区域分析结合。这样培养出来的人才可以变成熟悉地方风俗习惯的人才，更好地为"一带一路"进行服务。中外联合培养的模式为促使"一带一路"沿线地区的研究创新了形式，丰富了内容。积极提倡"一带一路"沿线国家的专家学者展开"中国学"的研究，加强沿线各个国家对中国传统教育、教育政策等多方面的了解认识。第三，充分转变外语人才的培养方式。重点增强对语言互通协调机制进行建立，一同开发出语言互通开放的课程，提倡沿线的每一个国家在华开设有关的语言课程。鼓励教育发达的地方从基础教育开始开设沿线国家的语言课。针对急需沿线国家语言人才的情况，利用订单式的培养方式，达到社会用人的目的。

(二) 政策助力，地方政府积极协调

作为国家层面的战略发展规划的"一带一路"，不但可以为沿线国家带来更多更好的选择，也容易导致多方抢占资源以及无序竞争带来资源浪费。因此一定要科学合理配置资源、整合项目，将顶层设计工作做好，统筹协调，制定出有关的合理政策，达到信息共享的目的，加强领导与工作制度的实现，推进良性循环。地方政府一定要主动参与进来，发挥出地区在"一带一路"当中的地理位置优势。比如新疆作为一个跨民族的区域，也同样是丝绸之路经过的重点区域，和周围区域的文化、宗教有非常高的同源性，这些优势可

以令其承担与周围国家地方教育交流合作的任务。地方政府要加强与沿线各国家的往来，努力推进多形式、多领域的教育交流合作。

（三）文化宣传，孔子学院助力

"一带一路"沿线包括几十个国家，文化传统有很大的差异。这样的形势之下，做好中国文化的宣传工作，可以保证我国经济快速发展，推动教育、科技方面的国际交流与合作。教育文化紧密相关，积极实现文化工程建设工作，利用文化宣传的方式促使教育合作交流。现如今国际上，孔子学院是我国文化的一张名片，"一带一路"沿线国家已经建立了诸多孔子学院。尽管很多的孔子学院属于非学历教育，但还是可以按照实际情况拓展孔子学院的功能，推动孔子学院变成我国与"一带一路"沿线国家教育合作交流的重要渠道。

总之，通过了解习总书记指出的"推进'一带一路'建设，始终坚持经济合作与人文交流一同推进，推动我国与沿线国家教育、旅游等人文交流，促使其提升到新的水平"，可以看到，"一带一路"建设当中教育具有基础、先导的作用，具有不可动摇的地位，给"一带一路"的总体布局带来深刻的影响。与其他国家教育的交流与合作是建立在双方内外部动力的基础上，分析了这个要素，明确了我国与沿线国家教育交流与合作的发展前景，有利于更有针对性地提出推动我国与沿线国家教育交流与合作的对策。

参考文献：

[1] 曲晶."一带一路"战略下中俄高等教育国际交流与合作的动力研究 [J].四川劳动保障，2018（S1）：111-113.

[2] 王坦，李正栓.中国与"一带一路"沿线国家教育交流与合作的困境及对策研究 [J].世界教育信息，2017，30（15）：66-71.

[3] 李晓亮."一带一路"科学教育合作与交流 [J].中国科技教育，2017（7）：24-27.

[4] 王咏梅."一带一路"战略背景下高等教育合作交流的思考 [J].山西社会主义学院学报，2017（2）：56-58.

[5] 官品."一带一路"视阈下中国与斯里兰卡的教育交流策略研究 [J].重庆师范大学学报（哲学社会科学版），2017（3）：106-110.

"一带一路"背景下海南旅游发展研究

石洪凡①

(海口经济学院南海音乐学院，海南海口　571127)

摘要：在国家"一带一路"倡议指引下，海南省旅游产业正在朝着集研发、设计、生产与营销的一体化创新方向发展，并且随着"中国旅游特区""国际旅游岛"这些发展理念、内容及运作机制的逐渐深化与拓展创新，海南也明确了自身的发展方向，提出了较为完善的支持配套政策，开展区域性合作经济的特区计划。文章基于"一带一路"倡议思想与海南"海上丝绸之路"的先进理念综合分析了未来海南旅游业的发展前景，并为如何优化发展给出了相应对策。

关键词："一带一路"；海南；旅游业；产业优势；发展策略

在 21 世纪，"丝绸之路经济带"与"21 世纪海上丝绸之路"被共同提出，它们就构成了"一带一路"倡议。从 2013 年初步提出理念到 2015 年具体方案出台，"一带一路"思想及策略逐渐成熟，并影响了我国经济的发展前景。它强调"走出去"的思想，希望国内更多行业企业能够通过特殊的国际贸易区域经济合作模式来提升自身影响力，形成全国领域统筹并对外开放

---

①石洪凡，女，海口经济学院南海音乐学院党总支书记，讲师，研究方向：旅游管理、礼仪文化、航空服务。

的 21 世纪国家新战略。在这一背景下，作为我国旅游产业前沿阵地的南海之滨——海南就成了"一带一路"及"海上丝绸之路"方针下的重点旅游产业发展区域。同时，"一带一路"思想也为海南旅游业的未来国际化趋势走向提供了扎实的理论借鉴基础。

一、基于"一带一路"背景下的海南旅游业发展

（一）基于"一带一路"背景下的"海上丝绸之路"

在过去，"丝绸之路"具有它的历史意义，它源于中国，是连接亚非欧三洲的古代商贸路线。在新世纪，随着习近平总书记提出的"一带一路"中国未来发展战略方针，海南省作为我国南海旅游业发展的前沿，自然成为衔接国际化旅游产业合作的"海上丝绸之路"重要支点。而在新时代，"丝绸之路"也不仅仅只局限于对单纯的商业贸易交流内涵的表达，它被赋予了更多中西方文化交流的象征意义。对于海南省来说，大力发展国际化旅游产业进程，就是拓展这条"海上丝绸之路"，迎合"一带一路"倡议的最好回应。近年来，我国政府与企业已经开始对海南这条"海上丝绸之路"进行较为深入的资源挖掘和项目运作，希望确立海南在我国南海地区"一带一路"的重要战略地位，并获得更多来自海外的市场资源。而海南自身也在将"海上丝绸之路"这一理念作为题材来吸引海外大面积的区域合作、招商引资，并进行线路设计与产品开发，希望借自身的天然优势、历史底蕴与文化内涵，不断扩大地方旅游产业的市场空间，进而让"海南国际旅游岛"这一名号响彻世界。

（二）"一带一路"建设与海南旅游业发展的关系

"一带一路"对于海南旅游产业是具有极强针对性的，具体来说它主要分为 3 个方面。

首先，海南省充分利用"一带一路"倡议中的优惠政策，对岛内旅游项目的服务品质与管理水平进行了大幅提升，其中就包括对优秀人才的引进、旅游产业政策体系的优化与自然环境资源的改善这些实战策略。它们都从根本上完善了海南旅游业的内部及外部环境，让海南有能力以一个全新的姿态去迎接来自五湖四海的宾客和商业契机。

其次，"一带一路"建设也涉及海南的历史文化资源，由于要走"海上丝绸之路"的主题路线，海南省近些年来精心完善并丰富了自身的旅游项目。

146

例如邮轮、游艇、生态、购物、养生等旅游项目频频释出，它们吸引了更多游客慕名而来，也带来了外界投资参与合作并进一步强化这些新兴的旅游项目。

最后，近两年来，海南旅游业对国家的"一带一路"倡议积极回应，也为国家做出了不少贡献，具体体现在以下 4 个方面：第一，海南得天独厚的地理优势、优质的生态环境与丰富的旅游资源也吸引了来自东南亚、俄罗斯等"一带一路"国家（地区）的游客与企业，他们在海南的观光过程中带动了各国之间对于中国的民间交往的活动氛围，促进了文化交流，也将更多的海外投资撒向了这片沃土；第二，海南作为"海上丝绸之路"发展的重要区域，也在对自身历史文化资源的挖掘上煞费苦心，基于地方文化开发了许多的海南特色产品，通过旅游产业与产品服务于外来游客，弘扬了博大精深的中国文化；第三，近些年来新开发的海南邮轮旅游项目也通过环游南海，传播文明文化，增进了中国与南海周边各个国家人民的友谊，大幅提升了海南在东南亚地区的影响力，让南海各国都希望主动参与到对南海甚至海南岛的建设中来；第四，近年来以博鳌论坛为契机的海南会展旅游也逐渐兴起，这体现了海南作为国际旅游岛的政治外交功能，它不但是民间外交的重要基地，也是国与国之间谈论经济市场形势、南海开发战略、国土安全建设以及民族文化传播的重要场所。在这样重大的国际级会展影响力下，海南的旅游业建设发展也起到了呼吁和平交流的伟大作用。

二、海南旅游产业发展的综合分析

海南启动"国际旅游岛"这一战略计划虽然到目前为止仅有短短 6 年（2016），但是它已经在各项旅游经济指标上取得了较大成就。以 2014 年为例，海南全年接待国内外游客超过 5000 万人次，相比 2013 年增长近 11%，所达到的实际旅游总收入也超过了 500 亿元人民币。在这一年里，海南旅游业所创造的总收入占到了省内 GDP 的 14.6%，位居全国各省第 14 位，这仅仅是海南旅游产业初露锋芒的成绩。预计到 2020 年，海南的旅游业年均总收入将会超过 900 亿元人民币，旅游总收入也会提升到 GDP 的 20%以上，为省内形成相当可观的旅游产业规模收益。因此，海南旅游产业的发展前景是不可估量的，它甚至带动了海南省其他产业如交通运输业、商品零售业、餐饮文化娱乐业等第三产业的发展形势，而对农林牧渔业的影响也是不可小觑的，这些都能为海南地区城乡提供超过百万的就业岗位。可以说，海南省旅游业的发展所带来的综合性带动效应将越来越明显。但在大力发展省内旅游产业的同时，也要明确自身所存在的固有缺陷，比如国际化程度依然远远不足，而受到地理环境的约束，除旅游业的其他产业发展依然还处于相对滞后的状态。[1]

三、海南旅游产业发展的 SWOT-PEST 分析

（一）政治层面

从政治层面看，"一带一路"倡议的提出对海南旅游业的发展是相当有利的，它为海南的未来发展带来了外交、出入境等方面的政策优势红利。像近些年来的博鳌亚洲论坛、国际旅游岛发展计划、三沙建市等等都是海南大力发展未来旅游产业的绝佳优势。而劣势主要体现在政府行为上，海南政府在近几年对国际旅游岛开发这一计划进程上体现出了政策利用不灵活、市场规制不严谨、公共服务不全面等问题，所以为了快速发展海南旅游经济，这些问题都是亟待解决的。"一带一路"的到来触发了海南的自由贸易协定，它进一步提升了海南岛内的开放程度。相对而言，海南发展国际贸易及旅游业的威胁也出自南海各国对自由贸易协议的竞争，它是具备一定政治威胁与发展风险的。

（二）经济层面

海南绝佳的生态环境、气候条件、地理位置、旅游资源与贸易往来就是海南发展国际旅游岛经济的最大优势。但是作为以旅游业为主要支柱产业的海南来说，它的产业基础照比其他省份还是相对薄弱的，其生产总值也偏低，所以海南在改革开放以来就一直致力于吸引外援，不断强化自身的市场购买力这一大天然劣势。随着全球经济一体化时代的到来，海南的机遇也随之而来，在与更多的招商投资企业联系紧密之后，海南的旅游产业需求也在不断升温，只是在大型旅游项目建设过程中，海南作为一个省份还面临着诸多经济风险，这也是行业市场竞争为海南未来旅游产业发展带来的最大威胁。

（三）社会层面

从社会层面看，海南作为我国第三大侨乡，它的亲缘文化遍布整个东南亚地区，这也丰富了"海上丝绸之路"的历史文化遗产，所以海南可以借助海洋、丝路、华侨、旅游这些历史文化资源来丰富旅游产业的未来发展。另

一方面，在"一带一路"的指引下，旅游业的发展也能改善海南本地居民的生活条件，以便于创造更好的旅游接待环境。但是也要明白海南作为旅游胜地，其各国游客所带来的各国文化、民族宗教方面的差异。[2]

四、海南旅游产业发展的有效策略

（一）配套政策的逐步完善

配套政策是海南基于"一带一路"政策方针，发展"海上丝绸之路"的重要供给，它主要涵盖了3个方面。

1. 示范区政策打造旅游发展格局

为了更好地响应"一带一路"倡议，快速发展海南国际旅游岛，海南省从2013年开始了试点旅游示范区建设。这一新业态就包括了以滨海休闲、邮轮游艇、高级度假为主题的三亚旅游示范区；以科研文教、历史文化、商务会展为主题的海口旅游示范区以及以首脑外交、健康医疗为主题的琼海博鳌旅游示范区。另外，随着三沙的不断建设，它的海岛旅游项目也已经成为海南游客最为青睐的旅游特色环节。因此，这样一套鲜明的配套政策也突出了省内旅游产业发展的重点特色，加速了国际旅游岛计划的发展进程。

2. 出入境政策推动游客便利化通关

海南目前已经进一步扩大了对于境外游客落地签证以及免签入境的范围，包括"一带一路"沿线国家在内的东南亚、东北亚、东盟国家都可以实现对海南的免签入境。

3. 交通政策便捷化

航空航权的进一步开放不但扩大了海南通往四面八方的国际航线，也降低了航空及旅游包机成本。像三亚就已经成为我国邮轮的最重要始发港，其试点对周边无居民岛屿全面开放，这就实现了海内外游客到海南的双方向自由出入境，让海南真正成为中国与"一带一路"国家之间的重要驿站。

（二）区域合作的逐步扩大

"一带一路"的核心指向就是区域性合作，这也是海南实现国际旅游岛这一目标的重要实现形式。按照"一带一路"思想，海南应该做到以下两点合作，以利于海南快速推进自身的旅游业发展。

首先要实现交通层面的互联。目前海南已经拥有了自己成型的陆海空交通系统，以这一交通系统来为省内建立统一规划的一卡式票据系统、网络金融结算系统，有利于对跨国业务的实现，增进信息交流沟通可能性。例如目前海南就已经实现了与东盟及我国港澳台地区的无障碍互联旅游模式，并得以深化推广。

其次是营销合作。营销合作一方面要注重对旅游品牌的打造，联合海南及外部企业实现对旅游产品及服务的规划、宣传与管理，也要以"一带一路"作为旅游热点形象，形成具有国际影响力的品牌效应；另一方面就是注重销售促进，海南省应该在每年多多举办旅游交易会、借助节庆丰富地区文化宣传活动，甚至招揽媒体来进行文艺纪录片、影视剧、广告等的拍摄，借此来宣传海南旅游产业及旅游文化。[3]

五、 结语

总而言之，"一带一路"建设为新世纪中我国各个领域的全面对外开放发展与区域合作创造了丰富的条件。对于海南而言，"一带一路"思想就是促进省内旅游产业发展的重要方针，它的开放式、跨越式战略指引让海南实现了之前未曾实现过的全新目标，对海南的旅游国际化发展具有重要的现实意义。

参考文献：

[1] 付业勤，李勇."一带一路"战略与海南"中国旅游特区"发展 [J].热带地理，2015（5）:646–654.

[2] 印皋宁."一带一路"背景下海南旅游产业分析 [J].旅游纵览，2015(9):112–113.

[3] 刘萍."一带一路"背景下海南旅游产品国际化开发策略 [J].旅游纵览，2015(10):184–185.

"一带一路"背景下高校学生境外实习就业的机遇与风险分析
——以海口经济学院酒店管理专业为例

雷石标[①]

（海口经济学院旅游与民航管理学院，海南海口 571127）

摘要： 随着我国社会经济的发展和人们就业观念的改变以及"一带一路"建设的推进，境外实习就业受到了很多高校学生的青睐。一方面，境外实习就业可以缓解我国的实习就业压力，促进社会经济的快速发展；另一方面，能够通过境外实习就业，引进国际先进的技术和管理理念，对我国经济的可持续发展起到良好的促进作用。文章以海口经济学院酒店管理专业的学生为例，深入分析了酒店管理专业在境外实习就业方面的机遇和风险，针对其中所存在的问题进行系统总结，并提出相关对策，为推动学生境外实习就业创造更为有利的条件。

关键词： "一带一路"；酒店管理；境外实习就业；机遇；风险

随着我国和东南亚国家社会经济的快速发展，特别是在"一带一路"建设背景下，我国和东南亚等国的经济交往与人才交流越来越频繁，加之我国

①雷石标，男，海口经济学院旅游与民航管理学院副院长，副教授，研究方向：旅游资源开发、旅游企业管理。

每年大批量的高校毕业生涌入到劳动市场当中，使得学生就业压力空前上升。在此情况下，加强与"一带一路"沿线国家和地区的人才合作交流，输送高校毕业生到境外实习就业将成为一种新的趋势。海口经济学院酒店管理专业进一步突破了传统学生实习就业的思维，主动开创了全新的实习就业途径，逐步实施了境外实习就业的新渠道。通过这一方式，进一步健全实习就业指导机制，并通过与境外中介机构的合作，进一步开拓境外的实习就业市场。

一、境外实习就业的含义与作用

（一）境外实习就业的含义

境外实习就业顾名思义是指大陆公民在境外企业实习就业，其囊括范围比较广，包括大陆公民同中国香港、澳门、台湾地区的机构签订相关实习协议或劳动协议，在中国大陆以外的其他地区为企业提供劳动，企业向中国公民支付相关酬劳的行为。我国著名学者钱晓燕认为，境外实习就业，其具体包括以下三个层面：第一，境外实习就业时劳动者主动或者是被动地迁移到其他国家进行生存活动；第二，境外实习就业是劳动者通过为境外企业提供劳动而获得报酬的经济活动；第三，境外实习就业是劳动者职业生涯中的组成部分，也是一种实习就业行为。

本文中所指的境外实习就业实际上包含两阶段的内容。一是实习阶段，应届毕业生在取得毕业证之前的这一实习阶段，在我国高等教育中一般都属于教学实习和毕业实习阶段，但境外企业一般都愿意录用这阶段的学生，而且给予正式员工的待遇。另一阶段就是学生取得毕业证后的正式就业。这两个阶段是连续在一起的，在毕业前学生只需返校完成毕业论文答辩和相关毕业手续的办理即可。从 2005 年开始，海口经济学院每年有 50 余名毕业生赴境外实习就业，从最早的中国澳门实习就业开始，目前已逐渐扩展至菲律宾、阿联酋、新加坡、卡塔尔和马尔代夫等国家和地区。当然，境外实习就业也包括其他国家和地区的学生到我国大陆来实习和工作，近年来就有不少的中国台湾、菲律宾、印度和尼泊尔等国家和地区的学生来大陆实习，不少学生毕业后留下来正式工作。本文主要针对中国大陆学生到大陆之外的地区实习就业问题进行探讨。

（二）境外实习就业的作用

1. 缓解实习就业压力，促进经济发展

随着社会经济的快速发展，我国人口的剩余劳动力过多，使得每年的就业压力非常大。所以，解决劳动者的就业难问题，不是仅仅依靠我国的经济发展水平，或者是发展国内全新的就业途径就能够解决的。应该有效利用境外就业这一机遇，这样不仅为人才提供了巨大发展空间，在缓解我国就业问题等方面也发挥着积极意义。据中国境外就业网调查统计，"截至 2015 年 12 月，中国对外劳务合作营业额高达 700 多亿美元，境外劳务人员已经突破 850 万大关"，其每年的增长幅度达到了 14%。从中可以看出，境外就业不仅可以缓解我国目前的就业压力，而且在很大程度上能够促进经济的快速发展。

2. 有利于引进、学习国际上先进的科学技术和管理理念

通过利用境外实习就业的机会，可以引进和学习国际上先进的科学技术和管理理念。2013 年，国务院便提出了有关高校毕业生境外就业的通知，充分发挥在高新技术产业和现代农业等方面的优势，促进高校毕业生的就业工作，便于引进和学习国际上先进的科学技术和管理理念。从目前来看，我国还属于发展中国家，可以通过选派学生到境外实习就业来发展我国经济，通过这种方式，可以有效地掌握好国际的先进技术和管理理念，从而推动我国科学技术和社会经济的快速发展。

3. 拓宽实习就业渠道

近年来，伴随着高校不断扩招，大学生数量呈现出直线上升的趋势，越来越多的大学生参与到市场竞争中，尽管其在一定程度上调整或是优化了我国经济结构，但是也直接加重了实习就业市场压力，其中以大学生实习就业难问题表现得最为明显。在这种背景下，通过境外实习就业，不仅能够对产业经济结构调整起到良好的作用，而且还能够进一步拓展实习就业渠道。基于现阶段我国就业市场对人才需求供过于求这一现状，就应该重视或是全面认识到境外实习就业能在一定程度上缓解大学生实习就业压力，使得大学生能够积极参与到工作过程中，在实现自身价值的同时，带动与之相关联的产业朝健康、可持续方向发展。

二、酒店管理专业学生境外实习就业面临的良好机遇

(一) 境外实习就业待遇好、薪资高

由于我国酒店行业起步时间比较晚，在各方面都还急需完善，在员工福利制度建设方面存有诸多问题，种种因素叠加在一起使得待遇、薪资等方面普遍偏低，相比较而言境外酒店发展时间较长，且形成了更为完善的员工福

利制度。所以，对于酒店管理专业的学生来说，选择境外实习就业，相对于国内来说，其薪酬水平高，各种福利待遇更好。

（二）境外实习就业竞争压力相对较小

当前我国酒店行业正处于转型发展阶段，酒店企业之间的竞争非常激烈，员工的流失率也是非常高，而境外酒店类企业各个方面的竞争压力比国内小很多。这样，通过境外的实习就业，可以有效地缓解国内酒店员工之间的竞争压力，同时能够通过这种方式不断学习境外酒店先进的技术与管理理念。从生活习惯上看，境外的生活习惯、知识基础以及价值观念与国内很不一样，因此，通过境外实习就业，可以更多地参与文化交流学习，更好地养成国际化的视野，有利于今后回国后在我国的国际品牌酒店的工作和学习。虽然境外部分地区近年来的经济呈现出下滑的趋势，但是总体来说较好，尤其是酒店经济发展还是非常好，通过境外实习就业，能够减缓就业竞争的压力。

（三）能够学习和借鉴境外先进知识和理念

利用境外实习就业学习的机会，可以学习和引进境外酒店行业先进的管理技术知识和理念，尤其是在酒店英语口语训练、会展模拟实践以及酒店营销实践等方面。在管理经验方面，国内酒店在这一方面尤为缺乏，而境外拥有成熟的酒店管理经验，学生能够利用境外实习就业的机会，更好地获得发展机会。

（四）境外实习就业拥有更广阔发展空间

现阶段我国酒店行业正在由传统的劳动密集型向专业技能型方向转变，即传统知识理念、管理经验等已经难以满足酒店实际发展需要，而专业技能过硬、综合素养高的人才则成为酒店提高自身竞争力的关键。到境外酒店实习就业，不仅可以获取丰厚的薪酬，还能够使得自身拥有更为广阔的发展空间。此外，境外酒店对人才的选拔更有经验，善于发现人才身上的闪光点，酒店管理专业人才去境外实习就业能够获得在国内无法获得的机会，而且能够通过自身的努力来提升自己的专业水平，尤其是在酒店管理和营销方面能够获得丰富的工作经验，为将来回国后的工作打下坚实的基础。

三、酒店管理专业学生境外实习就业存在的主要风险

（一）境外实习就业服务体系不健全

从目前来看，我国在境外的实习就业服务体系方面还存在诸多的问题，

在某种程度上已经影响了学生的实习就业，尤其是缺乏与境外劳务合作的配套政策与措施。在实际中发现，供学生获取境外实习就业信息的渠道比较少，也就意味着学生有去境外实习就业的意愿，但是无法获得精准信息，最终不得不放弃。这种情况，不仅仅在海南普遍存在，全国各个地区的境外实习就业服务体系也并不完善。在我国对外劳务合作的过程中，没有实行四级管理制度，更没有建立专门的境外实习就业服务管理机构。商务部和外交部以及出入境办理方面，各管理部门间呈现出分割的态势，在对境外实习就业的管理中存在很严重的越位现象，这种多方共同管理的局面，必然会给境外实习就业服务工作带来效率低下的问题。境外实习就业涉及环节比较复杂，办理相关手续花费的时间也比较长，最快都需要几个月，慢时则需要一年甚至于更长时间。

（二）学生应用技能相对较低致使竞争实力弱

从目前来看，在境外实习就业方面，由于受到我国长期教育模式的影响，海口经济学院酒店管理专业学生的实际应用技能水平较差，没有丰富的酒店工作经历，致使其在境外实习就业过程中缺乏相应的竞争力。虽然说学校方面建立了"以实习就业为导向"的办学宗旨，但在酒店管理的人才培养方案中，重视理论知识的培养，而对实际应用能力重视程度明显不足，使得学生缺乏相应的酒店工作经验。而这种发展模式，与国外教育体系不同。在国外的酒店管理专业中，非常重视理论和实践之间的结合，所以国外酒店管理专业学生的实际运用技能非常强，使得我国酒店管理专业的学生到境外实习就业的竞争实力减弱。

（三）学生对境外企业岗位的不适应

现阶段，很多酒店管理专业的学生进入到境外酒店工作，由于无法适应工作岗位的需求，使得他们难以获得理想的工作岗位，其中主要是由于学生自身的问题。例如，学生的英语沟通能力较差，虽然说学校要求学生都要具备一定的英语水平，但是由于其英语口语不够熟练，难以胜任境外酒店的各项管理工作。在海口经济学院的酒店管理专业中，虽然要求学生在英语的应用能力方面要达到国家四六级的水平，但是却并没有将其作为硬性指标。即使具备了国家英语四六级的水平，但是其生活环境的不同及英语口语表达能力不强，也令他们在工作过程中出现了不适应的情况，学生的岗位竞争力下降，难以获得满意的工作机会或工作岗位。

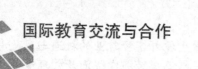

（四）境外实习就业资金成本较高

通常情况下，选择境外实习就业在出境前就必须要花费不少的费用，使得部分学生难以承受。境外的实习就业一般是通过中介机构来进行，根据相关的资料显示，出境前，有关于酒店管理方面的工作需要向境外中介机构缴纳 1.2—2.6 万元的费用，其中并不包括境外的住宿费用和各种交通费用。虽然说到境外实习就业能够拥有丰厚的薪酬和福利，但是这需要自己额外支出高额的费用，所以，这些方面对境外实习就业的学生来说是一个极大的困难。而且，在到境外前，还需要经过相应的培训工作，包括工作内容的培训、语言方面的培训以及生活习惯方面所需要注意的问题，而这些还需要自己支付一定的费用。

四、降低酒店管理专业学生境外实习就业风险的对策

（一）建立健全境外实习就业服务体系

1. 信息服务体系建设

建立完善的境外实习就业服务体系，首先要建立相对完善的信息服务体系，通过这一方式，进一步加速境外劳务市场的自动化和信息化建设，逐步增强以境外实习就业为主导的个性化服务。学校可以建立相应的境外实习就业信息服务体系，提供境外的工作岗位信息库。这些信息库的建立，可以极大地方便求职者、雇主和政策制定者，提供相应的实习就业服务，同时对工资的变化情况和劳动力需求进行科学预测，以此来提升境外就业服务的信息化水平，促进境外实习就业服务规模的扩大。与此同时，政府要派出外派劳务主管部门，进一步加强与外省市具有外派权的公司进行积极协调和沟通，不断加强与新老客户之间的联系，从而不断拓宽境外实习就业的渠道。除此之外，还需要利用互联网与境外政府机构进行组合，建立科学完善的境外劳务信息网络，以便于做好境外劳务需求信息的搜集和整理工作，不断提升工作效率。

2. 加强境外实习就业社会保障体系建设

在政府服务体系的建设方面，政府有关部门必须认真研究和制定出国际劳务输出的相关政策，并能确保各项鼓励政策的实施。而对于政府各级财政部门，则要建立完善的劳务输出和保障机制，确保境外实习就业人员的合法利益。在劳务人员方面，必须要在社会保险、综合性商业保险以及户籍方面

加强管理。同时，还应该建立外派劳务企业信用等级评价，从而不断地加强外派劳务的管理。另外，相关部门必须尽快出台相关的境外实习就业管理条例，充分利用法律、经济和行政等手段来加强劳务贸易管理，使得境外实习就业市场更加规范化。另外，需要不断提升境外中介机构的业务素质，确保学生在境外实习就业的顺利进行，要深入研究境外地区的实习就业市场情况，不断提升境外实习就业的成功率和安全性。

（二）加强对学生知识技能培训，提高学生就业竞争实力

根据国际劳务市场对酒店员工的需求，以及本地区酒店的发展情况，充分利用全市的资源优势，建立相应的境外实习就业培训机构。学生可以根据自身专业的特点，选择境外酒店职业培训和教育机构。一方面，认真开展关于境外酒店对员工劳动技能需求的了解，在出境前进行针对性培训，以此来适应境外酒店的工作环境；另一方面，采用国际承认的职业资格认证制度，切实提高职业教育和培训的质量，尤其是加强酒店英语和相应的计算机培训，同时引进国际上所承认的 OET 培训和考点，以此来增强酒店管理专业学生的专业性。总的来说，所有的工作必须要围绕着加强工作技能来进行，同时加强与境外劳务市场之间的联系，按照职业的需求来加强培训，从而更好地解决境外实习就业难的问题。

（三）确保人才培养标准与国际接轨，使学生适应境外岗位需要

为了能够满足学生在境外实习就业的现实需求，需要学校参照国际知名酒店管理学院的人才培养模式修订完善人才培养方案，有组织地提升教师的水平，打造国际型的酒店专业教师队伍。一方面，学校可以邀请国内著名的专家来进行授课，定期到学校进行指导和教学工作；另一方面，也可以聘请外籍酒店管理教师，提供国外丰富的酒店管理工作经验，从而确保人才培养标准与国际接轨。通过这一方式，不仅可以学习和吸收到大量的知识，还可以从中获取相应的国际经验，丰富我国酒店管理的经验。

（四）加强学生在境外实习就业的相关教育

为了确保学生在境外实习就业能够顺利进行，需要加强对学生在境外实习就业的相关教育，尤其是要加强对境外地区的法规教育和安全教育。由于近年来全球部分地区的安全形势日益严峻，如何保障境外实习就业的安全，成了当前境外实习就业工作必须要解决的问题。因此，必须要强化学生在境外实习就业的安全教育，尤其是在战乱的地区实习就业的学生，必须要时刻保持警惕性，防止因为个人的安全意识缺乏导致人身安全受到伤害。同时，

在境外地区的法规教育方面，必须进行境外实习就业所在国家和地区的法规教育，重视国际上对有关境外实习就业的法规环境，严格按照国际通用的标准，制定出具有中国特色的境外实习就业法律法规，从而能够保护境外实习就业人员的合法权益。此外，我们还需要进一步强化对劳务公司的监管，为了能加强境外实习就业的社会保障，政府必须要对劳务公司经营合法性进行确认，并对劳务公司的运营管理方面进行全天候监督，避免境外实习就业学生的合法权益受到侵害。

五、结语

综上所述，随着"一带一路"的建设发展，国际化的人才流动将成为一种潮流趋势。选择境外实习就业是机遇与风险共存的，本文以海口经济学院酒店管理专业学生境外实习就业为例来分析其中机遇与风险，并提出相应的对策，以此来确保学生在境外实习就业的顺利进行。当然，学生在境外实习就业还存在诸多的问题，包括境外实习就业地区的语言不同、宗教信仰教育等方面的问题，政府相关部门和学校都必须要针对境外实习就业情况的变化发展来不断完善人才培养和保障机制。

参考文献：

[1] 春玲.开辟境外实习就业新天地 [J] .劳动保障世界，2014(1):20-27.

[2] 范姣艳.我国境外实习就业中介制度评析 [J] .特区经济，2015(8):10-17.

[3] 雷鹏.境外实习就业应急处理机制亟待完善 [J] .中国劳动保障，2014(6):3-7.

[4] 郑晓光.境外实习就业探索 [J] .中国劳动保障，2016(5):20-26.

[5] 金红梅.吉林省境外实习就业问题研究 [J] .长春工业大学学报（社会科学版），2016(4):50-56.

[6] 初英智.境外实习就业:大有可为的事业 [J] .中国劳动保障，2015(8):40-45.

[7] 雷鹏.境外实习就业热点在何方 [J] .职业，2014(1):28-33.

中印高等教育合作中存在的问题与对策建议

宋　军[①]

（海口经济学院工商管理学院，海南海口　571127）

摘要：根据"一带一路"倡议的总体设计，文章对中印两国高等教育合作现状进行调研与分析，根据以往合作的经验，重点分析印度高等教育的政策、管理现状，对两国高等教育合作的各种模式进行分析，提出在合作中存在的问题，并针对问题提出相应的解决思路。

关键字：中国，印度；高等教育；合作

印度作为毗邻我国的发展中大国，也是"21世纪海上丝绸之路"的重要支点国家，其对我国倡议的"一带一路"构想始终保持着经济上想利用、政治上很抵触的犹豫态度。从中印双边关系来看，两国人文交流尤其是高等教育方面的交流与合作的压力要远远小于政治、经济等领域的压力。因此，加强两国教育方面的交流合作是两国搁置争议、增进民族理解、加强文化沟通、实施战略对接的重要途径，应该引起两国的高度重视。

---

①宋军，男，海口经济学院工商管理学院副教授，研究方向：企业文化管理研究。

一、中印高等教育合作印度背景

（一）印度教育目标——"17-by-17"计划

据印度人力资源开发部官网 2017 年 11 月 4 日报道，印度人力资源开发部在高等教育数字计划全国会议上建议各大学顺应世界潮流，充分利用信息技术和现有的 SWAYAM 平台（Study Websof Active Learning for Young Aspiring Minds）加速知识传播。各校需要协调校内部的学术决策机构，认可 SWAYAM 平台上的课程，让学生可以选修并获得相应学分；各校通过各种媒介让学生了解 SWAYAM 平台上的课程；为 SWAYAM 平台研发新课程，学校积极支持教师将自己的课程放在 SWAYAM 平台，并协助申请相关基金支持；教师可以在教学时使用 SWAYAM 系统，用翻转课堂等混合教学的方法提升教学质量；各校应有一个监管数字资源使用情况的机构，以时刻跟踪学生和教师使用数字资源的情况；购买 SWAYAM 卫星频道的接收装置；训练教师使用 SWAYAM 卫星频道的接收装置；加入国家数字图书馆；将自己学校的图书馆电子化；加入国家学术资源寄存系统；实现数字化校园；实现智能校园，做到节水、节能、可持续；清洁校园，建立更多的厕所和干净的校园；推广电子支付系统；每个学校帮助至少 5 个村庄致富；组织各种创新创意活动，如黑客马拉松；制定清晰的计划，包括三年行动计划、七年战略目标和十五年远景规划等。

（二）印度教育国际化政策

20 世纪 90 年代以来，印度在教育国际化政策上渐渐转向主动，紧跟世界教育潮流，开展广泛的国际教育交流与合作。这一时期印度的教育国际化政策主要表现在以下几方面：第一，鼓励印度高校与世界排名 200 名以内的国外大学在印度本土合作建立国外名校的分校。在国外名校分校学习的印度学生可以获得该国外名校的学位，该学位在印度也被承认。第二，鼓励印度高校到国外建立分校。第三，为了增加印度学生出国的便利性和吸引国际学生，印度鼓励高校提高课程国际化水平。此外，因为许多国际学生来到印度学习印度文化和相关特色专业，所以印度积极发展这些专业来满足国际学生的需求。第四，印度鼓励高校为国际学生提供语言课程，来帮助留学生克服语言方面的困难。第五，为了鼓励更多国外教师加入印度高校，印度积极帮助国外教师解决护照、停留期限和税收规则等实际问题。第六，在政府资助的教育财政经费中，有分配给高校国际化的专项经费。第七，印度和那些具有严格准入、认证和质量保障项目和体系的国家进行协商，为本国学生留学提供方便。第八，重视远程国际教育，扩大印度教育的国际影响力。

（三）印度高等教育国际化现状

印度高等教育的国际化从很早以前就已经开始。在英属殖民地时期，通过《教育急件》法案，英国开始准允印度成立大学。此后，英国政府为了巩固其在印度的统治，相继在加尔各答、马德拉斯和孟买三座城市成立大学，印度高等教育开始得到发展。这些大学多以英国的大学为蓝本，这就为印度高等教育国际化的发展奠定了基础。

独立后的印度，为了发展本国经济和提高国际地位，将发展高等教育提高到战略性地位。2016 年印度人力资源发展部发布的数据统计显示，印度共有 760 所大学，38498 所学院，12276 所独立的高等教育机构。2014—2015年，高等教育的登记注册人数 34211000 人，其中本科生 27172000 人，硕士研究生 3853000 人，博士研究生 118000 人。可见，印度的高等院校众多，为大规模地培养人才创造了条件。此外，印度的高等院校类型多样，有中央直属学校、专业学校、技术学校、理工学校等，满足了印度对不同专业人才的需求。值得一提的是，印度理工类专业为印度培养了大批高科技人才。目前，印度在很多领域的研究水平已经居于世界前列，如电子技术、大型计算机研制、生物技术、软件设计等。印度的 IT 产业闻名世界，很多印度 IT 人才在国内外都创造出了很大的价值，如美国硅谷有近 40% 的 IT 人才都来自印度。

除了大力发展国内高等教育外，印度还积极同其他国家进行交流与合作。印度人力资源发展部发布的 2014—2015 年度《全印度高等教育调查》（All India Survey on Higher Education）指出，注册印度高等教育的海外留学生人数达到了 42293 人，这些学生来自 164 个不同的国家，77.4% 的留学生在印度接受本科教育，15.6% 选择接受硕士研究生教育。同样，选择出国受高等教育的印度学生也日益增多。1998 年有 5 万人选择出国留学，到 2016 年，出国留学人数增加到了 30 万人。

为了促进高等教育的国际化发展，印度推行跨境教育策略（Cross Border Higher Education），积极与其他国家和地区进行人员、知识、项目、政策、理念、课程、计划、科学等各个方面的交流与合作。一些国外大学也十分乐意通过合作研究、联合学位授予、在印度建立分校等形式为印度的大学提供援助。

为了促进印度高等教育的国际化发展，印度政府就以下两个方面做出了很多努力：第一，如何培养印度国内的人才以应对高等教育的国际化发展；第二，如何吸引本国在外人才回国以促进国内教育国际化。对内，印度政府进行了高等教育改革；对外，印度专门设立了海外人事部，推出"了解印度计划"，为海外印度人提供在印度实习机会，旨在吸引更多的海外印度经营人才。

二、中印高等教育合作现状及问题

（一）中印高等教育合作现状

1. 2010—2015 年印度来华留学人数及增长情况

表 1　2010—2015 年印度来华留学人数及增长情况

	2010 年	2011 年	2012 年	2013 年	2014 年	2015 年
来华留学人数	8468	9370	10237	11781	13578	16694
同比增长	3.97%	10.65%	9.25%	15.08%	15.25%	22.95%

资料来源：根据教育部国际交流合作司编写的《来华留学生中国教育年鉴》（2001—2015）整理而来。

2. 中印高等教育合作模式现状

表 2　中印高等教育合作模式现状

	中国	印度
开设语言专业的院校	北京大学 北京外国语大学 中国传媒大学 广东外语外贸大学 云南民族大学 西安外国语大学	印度国际大学 德里大学 尼赫鲁大学
研究中心	西华师范大学印度研究中心 深圳大学印度研究中心 北京大学印度研究中心 复旦大学甘地和印度研究中心 广东外语外贸大学印度研究中心 云南财经大学印度洋地区研究中心	印度中国研究所 德里大学中国研究所 尼赫鲁大学国际关系学院

续表2

	中国	印度
高等教育 合作项目	广东工业大学与韦洛尔理工大学合作举办的动画专业本科教育 黄淮学院与迈索尔大学合作举办的软件工程专业本科教育 湖北师范学院与拉夫里科技大学合作举办的生物技术专业本科教育 河北金融学院与印度 R.V.S.教育集团合作举办的软件技术专业高等专科教育	韦洛尔科技大学孔子学院 孟买大学孔子学院 尼赫鲁大学孔子学院（未挂牌）
合作交流 平台	中印教育与科技联盟、中印大学校长论坛、中国—南亚教育分论坛、金砖国家大学校长论坛、新加坡—中国—印度高等教育对话论坛、亚洲大学校长论坛等多边合作论坛	

（二）中印高等教育合作问题

1. 交流合作平台层次不高，缺乏政府层面的支撑

中印两国合作交流平台多靠非政府、民间力量搭建起来，到目前为止尚未建立政府层面的交流合作平台与机制，如中印高等教育部长级会议、中印高等教育论坛、中印高等教育联合声明等诸如此类的高层次合作交流平台，两国高等教育交流与合作始终停留在民间、校级层次上。从平台交流的内容来看，以交流两国高等教育发展的经验教训为主，论坛下达成的合作协议中直接涉及两国学生、教师、课程、科研项目等具体合作方面的内容非常少。

2. 学生国际流动不平衡，差距巨大

从学生国际流动方向看，印度来华留学人数远远多于中国赴印度留学人数，中印两国学生流动呈现巨大逆差。2015 年印度来华留学人数达到 16694人，然而，中国赴印度留学人数却远远不及印度来华留学人数。2009 年中国在印度留学人数约 2000 人，远远小于印度来华留学规模。2015 年中国出国留学人数达 52.37 万，但是赴印度留学人数不足万人。

3. 合作办学层次较低，国际人才培养难以满足战略建设需求

中印合作办学主要依托孔子学院及合作办学项目来开展，两国均未在对方国家设立学历高等教育机构（海外分校）。同时，中印合作办学项目及孔子学院国际人才的培养也面临着数量不足、专业单一等问题。如中国开设印度语专业的高校数量，以及印度开设中文专业的高校数量都仅占本国高校数量的百分之几，而且受师资及教学水平的限制，每所学校每年培养的语言人才非常有限，以致互通两国语言的人才极度紧缺。而且，中印合作办学项目只有 4 个，仅占"一带一路"沿线国家合作办学项目（200 个）的 2%，主要培

养计算机技术及生物科技方面的人才，人才数量及类型不能满足"一带一路"建设对复合型国际人才的需求。

4. 各研究中心分立无援

各研究中心都是依靠民间力量建设的，其经费来源及研究队伍补给均要依靠各研究中心自行筹措，因此机构运行比较缓慢。同时，中国印度研究中心主要分布在与印度交往甚密的云南、四川、广东、北京、上海等地，从分布范围上来看还算较为合理，但是各研究中心之间的交流合作甚少，彼此之间呈分立状态，从而导致各研究中心的研究内容有所重复，严重影响我国印度研究水平的提升。从两国的研究合作方式来看，中印两国国别研究中心之间暂无交流合作的平台，在一定程度上阻碍了研究中心的国际交流。

三、中印高等教育合作问题解决思路

为了克服两国高等教育交流与合作在机制平台建设、学生国际流动、合作办学以及研究中心建设等方面的问题，更好地服务"一带一路"构想的实现，两国政府、高校及民间力量可从以下几个方面努力：

（一）加强高层沟通，发展和完善高等教育交流与合作机制

首先，两国政府应该高度重视高等教育交流与合作对"一带一路"倡议的助推作用，不断增强交流合作意识，加强政府间交流与合作沟通。如，两国教育部定期举办"教育部长会议"，交流两国高等教育发展情况，明确两国高等教育交流合作的方向；制订《中印高等教育合作计划》，签订《中印学历互认协议》，不断完善《留学生权益保障措施》，为深入推进两国教育政策互通提供建议与服务。其次，充分利用已有的双边、多边交流合作机制与平台，签署更多的双边、多边教育合作框架协议，谋求两国高等教育领域深度交流与合作。最后，整合双方优质教学资源、师资力量、科研成果等，合理规划两国教育交流与合作进程及目标，制订中印高等教育交流与合作的时间表和路线图，推动弹性化合作进程，构建"一带一路"中印教育共同体。

（二）鼓励学生国际流动，坚持"走出去"与"引进来"并举

在进一步推进中印两国人员往来过程中，我方既要继续吸引更多的印度学生来华留学，同时还要鼓励中国学生赴印度留学，坚持人才"引进来"与"走出去"并举。一方面，我国要不断提升留学教育质量、完善本国留学生教育体系及留学生奖学金体系，以吸引更多的印度学生来华留学，为"一带一

路"建设培养更多知华友华的建设者。另一方面，我们还要加大对印度教育及高校的宣传力度，以国家公派留学为引导，自费留学为主体，鼓励更多的中国学生走出国门、赴印留学。同时，在印度设立中国留学人员管理服务基地，保障中国留学生在印度的学业进展及人身安全。

（三）扩大合作办学规模，提升人才培养质量

在"一带一路"构想背景下，中印两国高校一方面应增加现有项目的每期招生人数，另一方面，双方应结合"一带一路"建设需要积极探索新的合作办学形式。如，鼓励两国高校加强交流合作，联合举办更多合作办学项目；开展学位联授互授项目，共同开展国际科研项目；联合设立培训中心、培训基地，开展职业教育和培训项目，联合培养中印急需的各类"一带一路"建设者。此外，还应该鼓励两国具备条件的高校赴境外开办海外分校。一方面，要采取开放包容的态度，吸引印度高水平理工高校来我国开办分校，并为其提供政策、资金及人员的帮助；另一方面，要鼓励我国高水平大学赴印开办海外分校，鼓励我国优质职业教育配合高铁、电信运营等行业企业走出去，赴印设立职业院校、培训中心，探索多种形式的境外合作办学模式，培养"一带一路"建设需要的复合型人才。

（四）充分利用民间力量，大力建设智库联盟

在推进"一带一路"进程中，双方还需进一步加强智库建设，鼓励各个研究中心互联互通，建设起印度智库联盟。如国内各个印度研究中心携手成立印度研究中心联盟，分工协作研究印度政治、经济、教育、外交等领域的内容，搭建起研究中心信息对接平台，定期召开"中印智库论坛"，交流研究成果，将中印国别研究中心交流与合作逐步机制化。

四、 结语

我国倡议的"一带一路"构想源于"求同存异"的基本原则。从中印双边关系来看，两国人文交流尤其是高等教育方面的交流与合作，相比政治、经济等领域的问题更容易找到共同点。因此，加强两国教育方面的交流合作是两国搁置争议、增进民族理解、加强文化沟通、实施战略对接的重要途径，应该引起两国的高度重视。本文针对以往合作中存在的问题，结合两国高等教育的特点，提出一些解决思路，以期望能为两国高等教育的合作提供借鉴。

参考文献：

[1] 张继明，张丽丽.近代以来印度私立高等教育发展历程及启示 [J] .贵州师范大学学报（社会科学版），2018(1):52-59.

[2] 孙伦轩，陈·巴特尔.试论印度高等教育转型中的政府作用 [J] .高教探索，2018(2):60-64.

[3] 孔令帅，陈铭霞.印度教育国际化政策、效果及问题 [J] .比较教育研究，2017，39(5):67-72.

[4] 陈德胜.印度高等教育研究 [J] .教育教学论坛，2017(2):228-229.

[5] 张丹.印度尼西亚独立以来的教育发展研究 [D] .贵州师范大学，2017.

[6] 唐山高职教育赴柬印新三国参访团.柬埔寨、新加坡、印度三国职业教育考察报告 [J] .工业技术与职业教育，2017，15(3):1-2.

[7] 刘小丽，闫温乐.印度高等教育培养国际化人才 [J] .上海教育，2017(20):54-56.

[8] 刘小丽，闫温乐.印度高等教育中的国际交流与合作 [J] .上海教育，2017(20):56-57.

[9] 谢念湘.美国、印度和巴西基础教育公平政策比较研究 [J] .教学与管理，2017(12):118-121.

[10] 王资凯.印度政府力争实现 17 个教育目标 [J] .世界教育信息，2017，30(24):72.

[11] 胡瑞.印度接受国际教育援助的变革研究 [J] .比较教育研究，2017，39(7):27-33.

[12] 臧兴兵，杨敏敏.中印高等教育供给侧比较与启示 [J] .昆明理工大学学报（社会科学版），2016，16 (6):78-85+94.

[13] 王燕华.中印高等教育合作的文化使命 [J] .湖北工程学院学报，2013，33(5):71-75.

[14] 张旋.中印高等教育投入比较分析 [J] .中国集体经济，2018(5):167-168.

[15] 刘婷."一带一路"构想下中印高等教育交流与合作新方向 [J] .大学教育科学，2017(4):53-56.

[16] 于欣力.公共外交视角下的中印高等教育交流初探——云南大学与印度高等教育合作实践与成效探析 [J] .云南行政学院学报，2014，16(4):169-172.

"一带一路"背景下海南与东盟高等教育国际交流合作研究

狄红霞　　李锦林①

(海南工商职业学院思想政治理论课教学部，海南海口 570203；
海口经济学院艺术设计学院，海南海口 571127)

摘要：海南省与东盟十国在"一带一路"上处于重要的节点位置，两者在经贸往来、人文历史和自然资源等方面具有诸多的共性联系，成为双边开展高等教育国际交流合作的重要基础。随着经济全球化和区域一体化进程的不断加深，对具有国际创新视野的复合型人才需求不断提升，海南—东盟应着眼未来，在高等教育的各领域深化合作，加强交流，构筑双边高等教育往来的长效机制，提高人才培养质量，共同实现海南—东盟的高等教育事业的长足进步。

关键词："一带一路"；海南—东盟；高等教育；国际交流合作

2013 年，国家领导人提出了建设"丝绸之路经济带"和"21 世纪海上丝绸之路"的构想（简称"一带一路"），这一构想不仅提升了中国与"一带一

---

①狄红霞，女，海南工商职业学院思想政治理论课教学部讲师，研究方向：思想政治教育。
李锦林，男，海口经济学院艺术设计学院副教授，研究方向：工艺美术。

路"沿线国家的经贸合作和人文交流，也使高等教育国际交流合作迎来了前所未有的机遇。习近平指出，进行"一带一路"建设，要坚持经济合作和人文交流共同推进，促进我国同沿线国家教育、旅游、学术、艺术等人文交流，使之提高到一个新的水平。[1] 东盟有着优越的战略位置，是中国建设"21世纪海上丝绸之路"必经的战略通道，又与中国长期保持着密切的经贸往来，再加上东盟一体化进程不断推进，国际影响力提升，必定成为"一带一路"的优先区域。[2] 2016年7月，在老挝万象举行的中国—东盟（10+1）外长会议上，王毅外长指出，未来的中国与东盟的关系要"打造社会人文合作新支柱，以教育和旅游为优先方向"。海南和东盟国家在地缘关系、经济合作、文化背景、教育基础等方面有十分深厚的渊源，是两地高等教育国际交流合作的重要基础和先天优势，加强海南和东盟之间的高等教育交流与合作，是提升两地经济发展和文化交流、实现两地高等教育共同进步的重要举措。

一、海南高等教育国际交流合作的现状分析

（一）海南高等教育资源配置现状

海南建省30年来，高等教育取得了较好的发展，由原来的5所高校发展到现在的18所，在校学生人数为184733人，专职教师8894人（2016年数据）。但与全国高等教育资源的各项指标相比较，由于发展时间短，海南省整体上还处于落后状态，高等教育基础相对薄弱，在办学层次、师资队伍建设、科研水平、有影响力的特色专业建设等方面有待提高。[3]

（二）海南高校国际交流现状

海南高等教育国际化形式多样，常见的形式如课程教育国际化、教师国外访学进修、科研国际化合作、学术交流国际化和学生国际交换等，在一段时间内虽然取得了一定的成绩，但相对全国而言，规模和水平偏低。以留学生的情况为例，目前海南具有招收留学生资质的高校13所，实际招收留学生的高校仅11所，尚有6所高校未开展留学生教育工作。2015年，全省高校有来自五大洲的留学生2300余人，其中学历生600余人，本科生占绝大多数，高层次留学人员很少。2015年，省教育厅发布《海南省教育厅关于2015年高校国际学生教育质量检查情况的通报》，分析了海南省高校国际学生教育存在的主要问题及原因，包括几个方面：一是国际学生总规模仍偏小，离高等教育国际化的要求存在较大差距；二是招生手段较为单一，更为广阔的国

际生源市场有待开发；三是全英文或双语课程师资及国际学生管理队伍建设有待进一步加强；四是校内管理体制有待进一步理顺，二级专业院系的积极性尚待挖掘。这是对海南高校国际学生教育现状的一个权威发布。

（三）海南发展高等教育国际交流合作的政治基础

虽然海南由于历史的原因，高等教育国际交流起点低，规模和水平还有待提高，但我们也要看到从政府到高校在近几年所做的努力，这是海南高等教育国际交流合作的重要基础。首先从留学生数量的增幅来看，海南2010年的留学生数量为662人，发展到2014年底的1231人，年均增幅超过20%；其中学历生从155人增至512人，年均增幅高达近58%。其次在各级政府和高校的机构设置和制度建设上，为海南高校国际化交流提供了组织和制度上的保障。从机构设置上来看，省教育厅、海南大学、海南师范大学、海南热带海洋学院、海口经济学院等单位设置有国际合作与交流处，海南大学设置国际文化交流学院，海南医学院设置国家教育学院，等等。除常设行政机构外，还设置了许多交流平台，以海南热带海洋学院为例，该校在近几年不断探索开拓国际化办学领域，寻求培养国际化人才的新途径，取得一定的成效，拥有教育部教育援外基地、上海合作组织大学区域学中方研究中心、中国国际青少年活动中心（海南）三亚基地、教育部外交部中国—东盟教育培训中心、中奥学院等多个国际交流平台。

上述这些机构分别制定了相关国际交流的制度，对海南国际交流提供了制度上的保障，其中以海南省教育厅、海南省外事侨务办公室、海南省公安厅在2017年联合印发的《海南省学校招收和培养国际学生管理实施细则》（琼教外〔2017〕193号）对海南省内各教育机构留学生教育的相关准则、学校资质、备案及年检、招生、教学管理、校内管理、国际学生奖学金、社会管理以及其他方面做了制度上的明确。这是在新形势下，海南省为提升本省教育国际化水平，促进本省国际学生教育健康有序发展的纲领性制度文件。

（四）海南省与东盟高等教育合作现状

由于特殊的地缘关系和历史渊源，海南和东盟在教育合作领域有非常优良的传统和合作经验。近几年，海南省委书记刘赐贵多次访问东盟国家，与东盟国家在旅游、农业、文化、教育等方面达成多项共识，为海南和东盟国家的高等教育交流开辟了道路和指明了方向。东盟国家在琼留学生总量保持在300人以上，以2016年为例，在琼东盟留学生为358人，占海南省国际学生的约15%，东盟国家逐渐成为海南国际学生的重要来源地。2013年开始，海南省政府设立省政府国际奖学金，2016 年达 1000 万元人民币，享受奖学金的国际学生有 468 人，其中东盟国家的学生有 60 人，占 13%。一些高等院校还专门设置了针对东盟国家的国际交流平台，如 2015 年，海南热带海洋学院（当时为琼州学院）成立了中国—东盟教育培训中心，开展教育和文化之间的项目交流。同时双方一些机构积极组织研讨活动，促进了海南和东盟的教育交流合作，如 2017 年 4 月 26 日，以"加强国际合作、提高教育质量"为主题的 2017 海南—东盟国家高等教育合作与交流研讨会在海口举行，双方在高校多个学科领域的学术、科研交流与合作方面进行了深入探讨。在 2017 年，"中国—东盟省市长对话"在博鳌进行，双方重点探讨了旅游、教育领域的合作。

二、海南与东盟国家高等教育合作的驱动因素

（一）地缘条件

海南和东盟国家在气候、地理环境和人文环境上有着密切关联度：气候均为热带海洋性气候，温热多雨，物产类同；地理环境上一衣带水，距离较近，如海南到曼谷的距离为 1060 千米，到菲律宾为 1200 千米，到马来西亚为 1980 千米（直线距离），甚至比到国内许多省份还近；在人文环境上来说，东盟在历史上一直是海南人民主要的侨胞聚集地，海南大概有 300 多万侨胞，其中侨居东南亚的占 86%，[4]这些侨胞为东南亚经济建设和文化发展做出了卓越贡献，当然也为海南和东盟国家的教育合作孕育了深厚的人文基础。

（二）双方的经济合作

海南和东盟国家在经济上的合作是推动教育合作的主要力量，高校教育既是两地文化传承与交流的重要手段，也是培养服务于两地经济发展需要的国际化人才的必由路径。"一带一路"建设急需国际化资本运作人才、具有创造性的新型国际贸易人才、新型复合型且文化素质高的外向型人才和各类境外基础设施投资与建设管理人才。[5]

海南在历史上与东盟各国经济交往频繁，一方面海南侨胞在东南亚经济发展中扮演着重要角色，东南亚 50%—80% 的商业和 40% 的对外贸易是由他们经营的；另一方面，这些商业成功者也返回家乡投资，为海南经济发展做出了贡献。[4] 在一定的历史时期，东南亚的海南侨胞的经济行为甚至影响了海南经济发展的战略格局，如现在海南普遍种植的重要经济林木橡胶树，就是

1902 年侨胞曾金城从马来西亚运回来的，是为我国栽培橡胶之始。另外，还有胡椒、咖啡等经济作物均是从东南亚引进种植并成为海南重要的经济作物，在历史上乃至现在都为海南的农业发展做出了重要贡献。[6]

随着经济全球化和区域一体化进程的不断加深，特别是"一带一路"重大战略构想的提出，海南和东盟国家的经济合作愈加频繁和深入，在贸易和投资额度上持续增长。如 2013 年海南对东盟的贸易额为 27.38 亿美元，比 2010 年增长 92%。东盟各国来琼投资和海南企业对东盟投资都呈现出一派繁荣景象。目前，东盟已经成为海南省第二大贸易伙伴。大量的经贸往来，必然需要大量复合性国际化人才，在 2015 年博鳌亚洲论坛上，时任马来西亚交通部长的廖中莱也强调，"一带一路"建设成功与否的关键因素是人才，东盟国家的青年群体的创造性和创新性思维是"一带一路"建设的重要优势。

（三）双方的教育基础

海南高等教育起步慢，基础较为薄弱，张延梅认为，在全国高等教育迅猛发展的新格局中，海南省高等教育事业发展正面临着前所未有的考验和挑战，所处的形势和任务十分严峻，建议海南高等教育的改革与发展必须加入中国乃至世界高等教育发展事业的竞争中去。[7]东盟国家既有像新加坡、泰国这样高等教育较为发达的国家，也有与中国高等教育水平相当的马来西亚等国，而老挝、越南等国的高等教育则基础较为薄弱。

高等教育的国际化交流是实现海南教育飞跃式发展的重要手段之一，海南省与东盟国家高等教育领域交流合作空间广阔，在热带农业、海洋资源开发、旅游、热带疾病防治等方面学科共性多，发展互补性强。海南省可以学习东盟教育发达国家（如新加坡、泰国等）发展高等教育的经验，引进其先进的管理经验、课程、师资等，实现优质教育资源的共享。对于高等教育不发达的国家，则以教育资源输出为主，最终实现共同进步。

（四）互联互通条件

前文已述海南和东盟国家地缘关系紧密，相隔距离较近，交通成本低，这些是双方进行高等教育国际交流的便利条件。同时，双边在建设空中、海上互联互通航线上取得了长足进展，现有 14 条海南至东盟国家的航线。海南省委书记在 2017 年"中国—东盟省市长对话"上表示，在现有基础上将开通更多空中航班，进一步加强港口合作，促进旅客和货物运输的便利化，共同打造畅通、快捷、便利、高效的互联互通网络。在签证方面，海南和东盟 10 国，有 3 个国家为免签（越南、老挝、新加坡），其余 7 国签证类型为一次。

这些往来上的便利，为海南和东盟国家的高等教育交流以及人员流动带来出行程序、费用与时间上的优势，有利于促进双方的合作。

三、海南—东盟高等教育交流合作的主要措施建议

（一）双边高校应着力研究中国—东盟自贸区的经济热点，特别是海南和东盟的经济关系，分析双边经济发展中的国际人才需求

经济发展的需要是高校人才培养的一个主要方向，随着"一带一路"和自贸区的持续建设和发展，客观上需要大量复合性国际人才，但高校应对经济发展精准把脉。在政府、教育管理部门以及高校本身，可以通过委托项目、项目招标或各级研究机构，对各行业的所需人才的数量以及能力规格进行调查研究，为双边政府和高校人才的培养提供数据支撑。

（二）建立高校管理者的互访制度

高校管理者在教学资源的配置上拥有较多的支配权，在国际交流项目的组织和运作上有先天的机制优势，同时对高校自身的学科优势和资源特点了解深刻。建立高校管理者定期互访的制度，在教育资源信息上互通有无，在管理制度和经验上相互熟悉、相互借鉴，对已有的合作项目实现过程监管，同时通过互访催生新的合作契机。当然，通过互访，也可加深双方感情，增进互信度。

（三）制定双边高校人才培养的质量标准，尝试与东盟大学联盟（AUN）建立联系并加入

东盟大学联盟成立于 1995 年，是为了促进东盟地区一流大学之间的合作与交流，由东盟成员国知名高校组成的学术网络。在 20 多年的发展历程中，为实现东盟地区高校之间的资源共享和人才培养做出了较大的贡献。其内部的东盟学分转换系统（2009 年建立）为高校之间培养互通人才架设了桥梁，不仅运用于东盟十国 30 所高校，也推广到其他地域，如日本的大学（京都大学、冈山大学、千叶大学）的加入。[8]

海南高校应尝试与东盟大学联盟建立合作关系，深入探讨双边人才培养的共性和个性，通过协商讨论，建立适合双边人才培养的创新性模式，加入东盟学分转换系统，为双边国际学生的流动提供质量保障和学分互认的系统平台，消除国际学生流动的学分壁垒，促进双边的各种形式的大学生交流项目。

（四）丰富国际学生的招生手段，开拓双边国际生源市场，重点开展学历教育

从现状来看，海南和东盟国家的高校互派的留学生规模整体偏小，基于对世界发达地域的向往，无论是中国还是东盟，选择去欧美或日本留学的学生还是存在较大的数量优势，我们应加强双边高校的宣传力度，通过多种途径介绍海南和东盟高校的教育资源特点以及学科优势，使潜在的留学生充分了解双边高校，为其提供更多留学选择。目前在华留学生的非学历教育人数比重较大，约占45%—55%，高学历人才培养数量更少，在25%—35%，[9]作为高等教育落后的海南，规模更小。因此，我们一方面要开展多形式的教育交流活动，但重点还是要开展以学历教育为主的国际人才培养，使双边国际学生能够系统完整地学习所在国家高校的知识和技能。

（五）充分利用海南民办高校办学机制的灵活性和自主性，拓展国际视野，大力开展双边教育交流合作

在中国高等教育体系内，民办高校相对于公办高校而言，在办学自主权、教学资源调控、创新办学体制机制、管理机制以及发展活力等方面有一定的先天优势。海南民办高校有7所，占海南高校比重为37%。海南民办本科高校平均占地面积2400亩（1亩≈666.67平方米），是全国民办本科院校平均面积的2.5倍。民办高校是海南高等教育的重要组成部分和生力军，为服务地方经济做出了较大贡献。[10]海南教育界应发挥这支高等教育生力军的活力，利用资源和体制的优势，积极拓展与东盟国家的教育交流合作，在海南—东盟高等教育合作方面占得先机，实现海南民办高校教育的国际化，最终实现整体水平的跨越式发展。

（六）构建跨国科研团队，共同开展双边政治、经济、社会人文、艺术等方面的学术合作与交流

海南和东盟国家在历史上的人文渊源和广泛的经贸合作，催生了许多亟待研究的热点问题，也有许多传统学术问题需要双边通力合作，实现研究深度和广度的拓展。在人文历史方面，侨民文化、南洋文化、儒释文化等方面双边有十分深刻的互相影响，如海南普遍分布的骑楼建筑，便是南洋华侨依据东南亚殖民风格回国新建的建筑，是双边文化渊源的见证。在经济方面，双边拥有近似的海洋气候条件和物产，导致了农业生产和旅游产业方面的近似性。可见在科研层面，双边存在研究对象的共同性，具有巨大的科技合作潜力和广阔的市场空间。海南和东盟高校间应构建国际科研团队，科技发展

应成为各国寻求国际科技合作的突破口，应把合作中遇到的问题科学化，各国开展协同研究——化解，从技术层面努力为"一带一路"建设保驾护航，同时促进双边国家的人才培养与科技创新。

（七）优化双边国际交流的保障机制

国际高等教育交流过程中，诸多外部条件已成为制约活动开展的瓶颈。其中经费问题是国际交流计划实施的巨大障碍之一 [11]，各种交流活动必须要有经费才能得以实施，办学成本、交通费用、学费、交流人员的生活费等，虽然各级政府和高校会提供一些奖学金，但非常有限。因此在经费方面，我们应拓展思维，大力吸纳外部资金的援助，比如在一些外贸单位争取赞助，或采用委托培养，由用人单位择优选定需要培养的人才，毕业后为委派单位服务。语言也是跨国教育交流的巨大障碍，特别是在东盟以小语种为主的地域，语言能力制约着交流的开展以及质量。为此，一方面有条件的高校应开展小语种的教学，另一方面双边合作高校应开设双语课程，加大英语授课的课程比例，同时开设英语预备课程。只有语言交流无障碍，才能真正保证交流的质量。另外在出国签证、住房等生活方面的保障也是必须予以考虑的，这些因素在一定程度或大或小制约着国际交流的畅通性，双边各级政府和部门应为国际交流的外部保障制定更多和更切实的措施。

四、结语

"一带一路"倡议的提出，为中国高等教育国际交流带来了前所未有的机遇和挑战。基于海南和东盟在"21世纪海上丝绸之路"上重要的战略地位，未来双边合作交流具有巨大空间和光明前景，在"一带一路"建设中，教育举足轻重，具有基础性、全局性、先导性的作用。[12] 海南和东盟高等教育界应审时度势、开阔视野，积极开展高等教育多方面的互动，从短期交流到长期交流，从局域合作到全面合作，互相学习借鉴，为双边经济、文化服务，共同实现海南—东盟高等教育的跨越式发展。

参考文献：

[1] 新华社.加快推进丝绸之路经济带和二十一世纪海上丝绸之路建设 [N] .人民日报，2014–11–07(1).

[2] 周谷平，罗弦.推进中国—东盟高等教育合作的意义与策略——基于"一带一路"的视

角 [J] .高等教育研究，2016，37(10):37–41.

[3] 耿松涛，廖雪林，华志兵.产业结构升级背景下的海南省高等教育资源配置优化研究 [J] .创新科技，2016（1）:40–42.

[4] 陈经雄.海南华侨人才资源与海南经济快速发展 [A] .海南省社会科学界联合会.亚洲人才战略与海南人才高地——海南省人才战略论坛文库 [C] .海南省社会科学界联合会，2001:3.

[5] 文君，蒋先玲.用系统思维创新高校"一带一路"国际化人才培养路径 ［J］ .国际商务:对外经济贸易大学学报，2015(5).

[6] 张朔人.近代华侨资本在海南产业分布的探讨 [J] .新东方，2010(4):36–43.

[7] 张延梅.试析海南高等教育在全国高等教育格局中的地位 [J] .海南大学学报（人文社会科学版），2009，27(6):607–613.

[8] 刘强，荆晓丽.东盟学分转换系统的发展历程、运行现状与前景展望 [J] .比较教育研究，2017，39(9):72–78.

[9] 黄巨臣."一带一路"倡议下高等教育国际交流与合作路径 [J] .现代教育管理，2017(11):59–64.

[10] 丁力玮.海南民办高等教育发展的成就、困境与政策建议 [J] .新教育，2017(28):8–9.

[11] Choltis Dhirathiti，张成霞.构建高等教育合作关系:东盟大学联盟在东南亚的实践经验 [J] .东南亚纵横，2013(11):62–65.

[12] 刘宝存:"一带一路"中教育的使命与行动策略 [J] .教育家，2017(23):8–9.

从融入"一带一路"倡议背景高度开发海南旅游商品

刘荆洪①

（海口经济学院，海口 571127）

内容摘要：海南省应该在"一带一路"倡议背景下发展海南经济，这务必要发展海南的旅游，而发展旅游应该重视旅游商品的开发，这就务必从转变经济发展方式高度开发海南旅游商品。本文提出，从融入"一带一路"倡议背景高度直面海南旅游商品的现状，从融入"一带一路"倡议背景高度分析海南旅游商品的问题，从融入"一带一路"倡议背景高度推动海南旅游商品的开发。

关键词："一带一路"；开发；海南旅游商品

在世界上，旅游业已经发展成为支柱产业，在我国，旅游业在国民经济中的地位举足轻重。要让以旅游业为龙头的现代服务业成为支撑海南长远发展的支柱产业，海南必须正视旅游商品国际化不足正在制约海南入境游发展的问题，认真融入"一带一路"倡议背景，从旅游产品研发、设计、生产、营销等环节不断创新策略。通过政府引导与市场主导相结合研发国际旅游商品，以差异化组合规避商品同质化。遵循国际旅游市场规律，打造具有海南

---

①刘荆洪，男，汉族，湖北武汉人，国家社科基金项目同行评议专家，海南省旅游商品研究基地主任，海口经济学院旅游研究所所长、教授，研究领域：旅游经济学、社会文化学。

岛屿特色、海洋特色、民族特色的旅游商品,采取立体式营销,可以释放海南旅游品牌效应。

一、从融入"一带一路"倡议背景高度直面海南旅游商品的现状

融入"一带一路"倡议背景高度,其中一个重要方面就是要加大经济结构调整力度,加快转变经济发展方式,推动产业结构优化升级。转变经济发展方式,是在探索和把握我国经济发展规律的基础上提出的重要方针,也是从当前我国经济发展的实际出发提出的重大战略。

旅游商品的开发是整个旅游经济中重要的组成部分,旅游活动需求的六大要素有吃、住、行、游、购、娱。其中,"购"是旅游活动一项不可缺少的内容。世界旅游组织关于旅游购物支出的定义为:旅游购物支出是指为旅游做准备或者在旅途中购买商品的花费,包括购买衣服、工具、纪念品、珠宝、报刊书籍、音像资料、美容、食品和药品等。在这里,我们讲的旅游商品实际上是包含旅游信息和旅游地文化特色的商品。旅游商品具有物质和精神的双重属性,还具有纪念性、观赏性、艺术性、趣味性、知识性等因素。

在旅游业比较发达的国家,其旅游商品收入可占旅游总收入的40%—60%,即使是日本这样的旅游资源十分贫乏的国家,旅游商品收入也占旅游消费总值的30%左右。而我国的旅游商品收入只占旅游总收入的20%左右。我们发展旅游产业,应该站在转变经济发展方式的高度。现在,在我国各地,由于人们开始认识到旅游商品与转变经济发展方式之间的联系,旅游商品的开发也开始受到重视。山东、四川、北京、浙江、云南、湖南、湖北等省的旅游商品开发,颇有成效。海南的旅游商品开发,取得一定成绩,比方说椰工艺品的系列开发就比较成功,但与旅游商品发达的省比,还是有差距,与海南——中国最大的经济特区、旅游大特区的地位也不大相称。据报道,海口旅游商品的销售与整个商业网点的迅速发展不成比例,发展相对滞后。有的市民反映,海南缺乏大型集中、品种多样的旅游商品购物场所。而且,旅游商品价格虚高,使人们无法接受,结果,游客需要购买旅游商品,因为价格不合理不愿意买;厂商需要销售旅游商品,因为价格虚高卖不出去。还有,旅游商品缺乏创新,或大同小异,或粗制滥造。

海南旅游商品开发迟缓的原因在于:一是在旅游观念上重旅游景区的开发建设,轻旅游商品的生产设计,没有将旅游商品纳入旅游发展建设规划之

中，造成旅游商品研发、生产、销售脱节，使旅游商品自生自灭，难以出现名优品牌旅游商品。二是有的旅游商品只是一些当地历史上形成的土特产，没有经过包装与深度开发。加上缺乏长远的开发生产规划，在长期的无序发展过程中，旅游商品的品种单一，形式雷同，丧失了区域、习俗的文化特色。三是不少企业生产工艺技术缺少革新，对旅游商品的开发建立在传统文化观念上，依靠传统的生产工艺技术，缺乏现代文化观念和现代科技与生产工艺。四是在市场定位上重国外市场轻国内市场。目前，一些旅游商品企业经营决策者，将旅游商品开发的重点放在国外旅游者身上，忽视了国内旅游消费对象的需求。旅游商品市场本地化明显，制约了相关企业的发展，造成企业规模小，规模化和标准化生产难以形成，开发生产成本加大。五是旅游商品从业人员素质普遍较低，极具地方特色的旅游商品基本上是手工制作出来的，是一些民间工匠的一门谋生的技术，比方说椰雕，依靠的是老艺人，可是老艺人越来越少。旅游商品开发现状不容乐观，所涉及的问题众多，要把旅游商品开发好，必须站在转变经济发展方式的高度，才能够使海南旅游的现状得到改观。

二、从融入"一带一路"倡议背景高度分析海南旅游商品的问题

融入"一带一路"倡议背景高度，实现经济发展方式转变，关键是要提高自主创新能力。自主创新能力是转变经济发展方式的中心环节，是国家发展战略的核心，是提高综合国力的关键。要按照建设创新型国家的要求，认真落实国家中长期科学和技术发展规划纲要，加大对自主创新投入，着力突破制约经济社会发展的关键技术。广泛应用高科技和先进适用技术改造传统产业，努力打造拥有自主知识产权的优势产业，全面提高产业技术水平。

海南作为岛屿型经济体的大特区，我们应抓住区位优势，克服新省份经济的不足，大做"国际旅游岛"大文章，大胆解放思想，创造宽松环境，在更高层次、更高阶段、更广范围推动改革创新，从经济发展方式转变的高度去发展旅游业。海南建设国际旅游岛上升为国家战略，旅游业为龙头的现代服务业在整个经济建设中有非常重要的地位，海南作为全国最大的经济特区，对中国旅游发展做出了自己独特的贡献。可是，有的单位或部门，改革热情不高，创新举措不多，开拓胆识不大的问题依然存在，在旅游商品开发上有所反映。

海南旅游商品，科研技术力量先天不足，在生产上重仿造轻研发。具有纪念价值的旅游佳品比重低，市场上的旅游商品千篇一律，反映出旅游特色商品的研发缺乏创新能力，开发相对滞后。旅游商品的民族、地方特色淡漠。由于旅游商品的产权保护的问题在我国尚没有很好地解决，而旅游商品极易被稍加改动后仿制，其合法权益很难得到真正的保护，这样，企业研发的积极性受到挫伤，为了追求短期的市场利益，谋求市场利润，又不愿意在旅游商品的研发上下功夫，于是，相互进行抄袭，造成旅游商品开发的恶性循环。

目前，海南的部分旅游商品的设计、开发、生产、销售，明显落后于海南旅游业的整体发展，缺乏独立的创新体系，造成产品设计单一、缺乏新意、产品设计开发没有系统化，缺乏商品的增值成分。从经济发展方式转变的高度去发展旅游业，思想理念要创新，发展模式要创新，体制机制要创新，对外开放要创新，科技自主要创新，城乡建设要创新。创新是海南旅游业发展的不竭动力和源泉，建立旅游商品开发创新基地，努力打造拥有自主知识产权的旅游商品产业，十分必要。在知识经济时代，创新已经成为社会的热点，是决定着商品市场成败的关键。

海南旅游商品要实现又快又好的发展，还要注重开发设计上的创新。首先应加大对旅游商品生产供应的技术研究和改进力度，增加旅游商品的技术含量，以培养旅游商品中的名牌和精品。其次应加大对旅游商品包装和装潢的设计创新力度，以此来提高商品本身的品位和价值。旅游商品创新还要有地域特色，例如，三亚是鹿城，海南的坡鹿是国家一级保护动物，那么，我们可以利用鹿这个形象来做旅游纪念品，可用各种不同的材料，铜的、铁的、木的、竹的、塑料的、玻璃的等等，丰富多彩地来展示鹿的形象。火山口公园是世界地质公园，可用不同的造型，正面的、反面的、大的、小的、圆的、扁的等等，来反映火山口的形象。

三、从融入"一带一路"倡议背景高度推动海南旅游商品的开发

融入"一带一路"倡议背景高度，要转变经济发展方式，要坚持走新型工业化道路。新型工业化道路是以信息化带动工业化，以工业化促进信息化，工业化和信息化并举的道路。新型工业化道路就是要走科技含量高、经济效益好、资源消耗低、环境污染少、人力资源优势能充分发挥的道路。

由于我国将旅游业作为支柱产业，在旅游商品的开发创新上，完全可以

依靠政府的主导作用，吸引企业参与。政府和社会应从政策、资金、技术等方面扶持旅游商品的开发。长期以来，旅游商品因政策、资金和技术的制约而发展缓慢，各级行政管理部门和旅游管理部门应该从产品的初开发阶段就积极配合，给予相当的保护和支持。由政府建立旅游商品开发创新基地，集中各方面的人才，为旅游商品生产企业服务，要有责任意识。对旅游商品进行全面考察、不断设计旅游新商品。突出地域特色、增加地方品位、树立品牌意识，是旅游商品上档次并走出困境的必经之路。

现代社会是个信息社会，信息的闭塞严重地制约着旅游商品的研制、开发与推广。海南旅游商品的开发、生产与销售体系的建立，我们有责任利用先进的信息工具，改善信息渠道，建立信息网络，培养专业的信息人员，完善旅游商品的营销信息网，加快海南旅游商品的开发。旅游商品的开发、生产应面向市场，积极研究旅游者的购物动机，准确地把握旅游活动的新特点、新时尚和新趋势，多角度考虑旅游商品的开发和生产价值，不拘于文化价值、纪念价值、经济价值和社会价值中的一种或几种。这就要求我们认真开发系列型的旅游商品，并改造好"老字号""老品牌"。政府和企业紧密联系，不断收集和利用市场反馈信息，保证产品的更新，博取社会的认可。

海南悠久的历史文化和丰富的旅游资源，是挖掘和开发旅游商品的重要基础。加强开发与研究，提高旅游商品的设计水平与质量，又是当前开发生产旅游商品的关键。要有一批有实力、有水平、有责任意识的旅游商品开发设计队伍，不断设计出有新意、有品位、有地方特色的旅游商品。因此，应在有条件的高等院校开设"旅游商品开发"专业或专业方向，为我国旅游商品开发培养人才。在资金、技术、人才、信息等多方面齐头并进，给旅游商品生产厂家注入真正的活力，才有可能激活旅游商品市场。必须从实现经济发展方式转变的战略高度来充分认识旅游商品在旅游业的重要地位，要把开发生产旅游商品与开发旅游项目结合起来，明确旅游商品的发展方向和发展目标，并纳入旅游发展总体规划。

海南旅游商品承担了传播海上丝绸之路文化形象和满足旅游者需求的双重责任，海南旅游商品开发设计上，要将优秀的海南传统文化和现代特区文化相结合，这种动静结合的开发难度大。一般意义上的商品，强调的只是它的价值和使用价值，而旅游商品更突出商品的地域特色，或赋予它特殊意义的文化内涵，游客购买的既是该商品的价值和使用价值，但更多的是购买其文化内涵。旅游商品具有文化和物质特性，开发海南旅游商品要求将当地的文化艺术、工艺技巧和物质资源结合起来，从市场整体角度将开发生产的每一要素都渗透一定水平的文化含量，将文化内涵和地域特点以艺术的手法浓缩到商品上，旅游商品才能真正代表、表现当地的文化特色，这样的旅游商品具有不可替代性，也才具有纪念意义、收藏价值和独特的实用价值。

旅游商品开发比一般商品的开发难度更大。旅游商品具有风格的独特性，要求产品开发构思要新颖，有很强的创新意识。从目前的情况上看，我国极具地方特色的旅游商品基本上是属于劳动密集型的，甚至大多数还停留在简单的剩余劳动力阶段，容易快速大规模仿冒、复制。而只有坚持走新型工业化道路，增加科技含量，不断创新，才能形成独特的旅游商品市场。作为旅游重要组成部分的旅游商品，其作用也不能忽视。努力构建具有海南特色的旅游商品研发、生产、销售体系，刻不容缓。当今世界全球化趋势加快，旅游经济竞争日趋激烈。旅游发达地区的成功经验告诉我们，从融入"一带一路"倡议背景高度开发海南旅游商品，发挥人力资源优势与生态环境优势，转变经济发展方式，走科技含量高、经济效益好、资源消耗低、环境污染少的道路，海南就能够创造海南旅游商品国际化开发的辉煌。

参考文献：

[1] 刘萍."一带一路"背景下海南旅游产品国际化开发策略 [J] .旅游纵览（下半月），2015（10）：192-193.

[2] 余福召.浅析旅游纪念品包装设计对品牌形象的推广 [J] .大众文艺，2017（14）：84.

[3] 吴霞，卢松，张业医.国内外旅游纪念品研究进展 [J] .云南地理环境研究，2015（3）：4.